人性的弱點

卡內基教你贏得友誼並影響他人

戴爾・卡內基 (Dale Carnegie) 著
季子 編譯

晨星出版

【序】

一九一二年起，我一直在紐約爲企業界的工作人員講授教育課程，這門課程的主要目的，是訓練這些企業界的工作人員，面對任何場合，都可以清楚自己的思想，並且很有效率，鎮靜地表達出自己的意念。

過了些時日之後，我深深地以爲這些人除了需要有效的演說培訓，更需要在日常生活的待人接物上給予特別的訓練。

漸漸地，我覺得連自己也很需要這種訓練，回想以往，不禁爲自己的無知而感到不知所措。倘若早在二十年前也有一本書在我手中，那可眞成了無價之寶了。

如何與人相處，恐怕是你我時常都要面臨的問題，尤其當你是一名商人時。當然，身爲會計師、家庭主婦、建築師或是工程師也是一樣的。數年前，卡內基基金會資助的調查與研究，發現了一件重要的事實，即使是極專門化的工程職業，他們成功的原因有百分之十五是由於技術知識，百分之八十五卻是由於他們待人的技巧以及領導的能力。

當年的石油大王洛克菲勒曾對人說：

「待人處事的能力好比可以購買的商品，對於這種能力，我願意以最高價錢買得它。」

說實在，世界上每所大學都應該設立這一門課程，傳授給人們這項最好、最寶貴的能力。但是，一直到我動筆寫這本書時，都還不曾聽說有過。

芝加哥大學和青年聯會曾經深入調查，到底人們最願意學的是什麼。

那次調查共費了兩年時間，花了二萬五千元美金。最後調查的地點是康州的麥瑞丁城，它是一個典型的美國鄉鎮。訪問時，城中每個人都被請求回答一百五十個問題。調查結果顯示，健康是人們最在意的，再來就是人了：如何與人相處，如何博取好感，如何信服他人。

調查之後，委員會決定在麥瑞丁設立一個待人技巧的講習班。委員會的會員們到處尋找有關這主題的實用書，但是一本也找不到。最後他們去請教一位著名的成人教育家，詢問有關這方面的書。他回答：「我也曉得人們需要這種技巧，但是從未發現過有這類的書。」

經驗告訴我，他的話是眞的，因爲多年來我也一直在尋找一本此類主題的書。因爲從未發現過，所以我才動手寫了一本，好給班上的同學應用。就是這本書，希望你喜歡它。

預備寫這本書時，我翻讀了所有能找到的關於這問題的書籍材料，有狄克斯的專欄文章、法庭離婚記錄、父母雜誌，甚至歐弗斯德教授以及心理學專家詹姆斯等人的著作。此外，我又聘請了一位有經驗的研究員，費了一年的功夫，在各圖書館找尋我所遺漏的東西。我們讀遍了所有的名人傳記，並不惜花費時間金錢，以期能發現自古以來人們對於如何獲得朋友並影響他人的寶貴意見。

我更親自訪問了很多世界上的超級人物，探問他們在待人處事上所用的技巧。

經由這些資料，我寫了一篇極短的演講稿。主題命爲「如何得到友誼、影響他人」。我在課堂上演說，並且要學生照著我建議的方法和原則，一一在日常生活中運用，然後回到班上，講述他們的經驗以及影響的成效。結果，每一位學員渴求改進自己，人人都被這成人的試驗工作迷住了，於是世界上第一、也是唯一的人類關係試驗室創建了。

哈佛大學名心理學教授詹姆斯曾說：

「如果以應該有的成就來比較，我們只是半醒著，因爲我們只利用了我們身心的一小部資源而已。我們生活在距離極限很遠的範圍內。我們總是忘了該如何利用我們潛在的資源。」

本書就是幫助你去發現、改進，並且利用潛在而尚未發掘的資源。前普林斯敦大學校長希本博士說：「教育是應付生活環境的才能。」

假如你讀完本書的前三章後，並未能較先前更會應付生活環境，那麼這本書是失敗了，至少對你來講是如此。因爲史賓賽說：「教育的最大目的是行動。」這是一本不但要知，也是第一本以行動爲主旨的書。

讓我就此打住！趕快從第一章開始，你會相信它的神奇。

戴爾・卡內基

目次

第二篇　如何影響他人

第三篇　身為領導者，如何改變他人

PART 1

怎樣受人喜歡

要想別人喜歡你，
就請記住：
先放棄自我，
對別人的一切施以真摯的、誠心的關懷。

無我境界的人際關係

『永遠給他人最誠摯的關懷。』

眞要學習結交朋友，並非一定要讀這本書。因爲你可以向最懂得交朋友的動物學習，牠是誰？你在街上可以碰到，看見牠時，牠會友善地向你搖尾巴，當你停住腳步，輕拍牠、撫慰牠，牠會樂得跳起來跟你大大地親熱，可是牠絕對沒有任何居心，牠並不想動你任何腦筋。

你想過嗎？狗是永遠不用爲生活而工作的動物。很多動物則需要，譬如母雞需要下蛋、母牛有提供牛奶的義務、金絲雀也得高歌幾曲，好博得主人歡心。只有狗，牠只給你友愛——忠誠的友愛。

在我五歲時，父親花五毛錢爲我買了一隻小黃狗，牠陪我度過了童年的喜悅和歡樂。每天下午四點半左右，牠一定會臥在門口，眼睛專注地望向前方，只要一聽到我的聲音或看見我回家的身影，牠便會欣喜若狂地向我奔來，又叫又跳。

牠就這麼陪了我五年，直到有一天，牠竟在離我只有十尺遠的地方，被閃電擊斃了。我的童年，也因而有了這一悲傷情懷。

牠從沒唸過心理學，但牠知道主動地付出關懷與愛心時，別人自會給予相等的回報。

然而，大家只知道要求別人關心，對別人要求友善和愛心，卻不知反求諸己。

紐約電話公司曾有一項研究統計，指出在近五百次的通話中，單是「我」這個字，就被用了三千九百九十次之多。

若給你一張團體合照的相片，你第一個會先看誰？

如果你眞以爲別人對你都很關心，那麼請回答我：假如今晚你死了，會有多少人來參加你的喪禮？

你不先去關懷他人，休想別人會關心你！

拿破崙和約瑟芬最後相聚時，他曾說：「約瑟芬，我是世界上最幸福的人；在這世界上，只有你是我最信任的人了。」而事實上，依史學家的判斷，就連約瑟芬也不見得是拿破崙所想的那麼可靠。

維也納著名的心理學家愛德洛，在他所著的《人生意義》一書中，他說：「一個人若不懂得去關心別人，將給自己的生活帶來痛苦，甚至也傷害別人。人類所以有這麼多失敗，只因為這種人太多了。」

心理學研究的書本充塞街頭，但沒有任何一個見解比得上愛德洛的這一句話。

在我任教的紐約大學，曾有一位著名的雜誌編輯對我們演講，他說：「每天我都收到幾十篇的稿件，任意抽出一篇，讀上一、兩段，我就可以察覺出作者是否對別人具有愛心，如果他不喜歡別人，別人也不會喜歡他的作品。」

他最後的結論是：「如果要做一個成功的作家，就得先對別人產生興趣。」單就寫作而言，就得如此，那麼結交朋友，處理人際關係，更該如此了。

魔術之王塞斯頓，表演生涯已有四十年之久，卻仍能維繫聲名於不墜且如日中天。上次他在百老匯表演時，我到後台與他攀談了一夜，他告訴我成功的原因，他說：「我了解人性，我知道如何製造氣氛來襯托我自己。任何一個動作、微笑或表情，全都經過精心的設計與安排。我也知道須對台下的觀眾懷有感恩之情，我感謝他們的捧場並給了我今日的成就，所以我把全部的絕活都使出，以報答他們的愛護。」

他說，每當他走到台前面對觀眾時，他總是不停地告訴自己：「我愛我的觀眾，我愛我的觀眾。」不要以為這個想法好蠢，這可是世界上最具魔力的魔術師成功的祕訣。

著名的歌劇唱家亨克夫人也對我說過同樣的話。她忍著貧窮，忍住悲傷，不管有多少悲劇發生，她還是咬緊牙去唱，終於走向歌劇界的頂峰。她自己也承認，她的成功祕訣之一，就是對人們始終懷著一份關愛。

此外，這也是羅斯福總統有絕佳人緣的祕訣之一。

羅斯福總統退出白宮後，有一次重返白宮作客，剛巧塔伕特總統與夫人都不在，羅斯福便跑到樓下和僕役們閒聊，對每個僕人，他都能叫出名字，並且向他們問好，這顯示出羅斯福對四周人事物的關懷與愛心。

看見女廚師愛麗絲時，羅斯福問她是否還做玉米餅。她回答說，除了樓下的僕人們吃，樓上的先生們現在都不吃了。羅斯福不平地說：「他們眞不懂得享受美味，等會兒見到總統，我再告訴他。」

愛麗絲興高采烈地跑進廚房，拿了一塊玉米餅給羅斯福，他接過來，邊走邊吃，還邊向僕役們打招呼，他同每一個人親切地問候，有一位老僕人心喜得直掉眼淚說：「這眞是我最快樂的一天，就是有人拿一百塊錢來，我也不換。」

相同的原因，哈佛大學老校長任職四十年之久，廣受師生愛戴。舉個小故事，有天，一位大學新生到辦公室要求助學貸款五十美元，校長允許之後，他立即道謝，轉身正要走出去時，校長又叫住他說：「請再坐一會兒。」並接口問說：「聽說你都自己開伙？你做過牛肉餅嗎？我在大學時代，也都是自己煮來吃。只要牛肉挑得好，火侯恰到好處，吃起來眞過癮。」於是校長把詳細的做法告訴他。這就是對別人關心並感到興趣的哈佛老校長能受到全校師生愛戴的原因。

根據我個人的經驗，只要眞正去關心別人，即使是忙碌異常的人，也樂於爲我們解決問題。

幾年前，我在布魯克林市文理學院，開設小說創作課。由於大家都希望能請到最著名的小說家們到學校演講，於是我們聯合簽名發出許多邀請函，同時也考慮他們可能過於忙碌，沒時間準備演講稿，所以特地把我們的問題一一列出附於信上，請他們塡好之後寄回給我們。結果，他們每一位都接受邀請，百忙之中還特地到學校來爲我們講演、指導。

利用同樣的方法，我們也請羅斯福總統任期內的財政部蕭部長，以及塔伏特總統任內的大法官維克遜先生等大人物來校演講。

無論什麼人，包括屠夫、國王各類階層人物，都喜歡受到他人的讚美。譬如，德皇威廉因大戰時慘遭戰敗，受到全體人民的唾棄，正當他萬念俱灰，想逃到荷蘭時，有位小孩寫了一封簡單、誠摯、溫和的讚美信函給他，小孩在信中說：「不管別人是怎樣的想法，我永遠敬愛您是偉大的德皇。」德皇大受感動，特別邀請小孩來見他，於是在母親的陪同下前往面見德皇，後來德皇威廉也和小孩的母親結婚。

如果我們真想交朋友，第一請消除自我的觀念，多給別人關懷與愛心。溫莎公爵還是威爾斯王子的時候，有一次被派往南美洲作友好訪問，臨行前四個月，他埋頭苦學西班牙文，到了南美洲後，他以西班牙文在南美洲各國發表公報，因此深受南美人民的喜愛。

多年來，我總是藉口為朋友算命，將對方的出生日期問出，再抄錄於專用小冊中，而後，每到所記的日期時，便寄上我的賀卡或電報祝福他們，他們均感動不已。

想要交到眞正的朋友，就該推心置腹，以最大的熱忱去對待朋友，哪怕只是一通電話，也該讓對方感受到你是多麼歡喜接到這通電話。以紐約電話公司為例，他們的接線生在接到客戶詢問號碼的電話時，都被訓練以滿懷熱忱及感激的聲調「您好，多謝您使用本公司的電話」來答覆每一位客戶。

同樣的道理，應用在商場上，也將使你無往不利。

一位任職紐約某大銀行，叫做華勒的行員，有一次被命令調查某公司的營運情形，華勒只得親往該公司拜訪他們的負責人，希望藉由他口中多了解一些狀況。當他和祕書小姐一起進入辦公室時，祕書小姐先是很快地跟他老闆說今天沒有郵票可以給他的兒子，那位負責人笑著為華勒解釋說：「我的小孩有集郵的習慣。」

祕書小姐走後，華勒說明來意，隨即向負責人一一請教。負責人卻顧左右而言他，並沒與華勒談到任何正題，這次會面草草結束，華勒也空手而回。

華勒結束拜會後，一直無法明瞭問題的癥結所在，不久，華勒回想後說：「我腦筋一轉，想起了祕書小姐說的話，以及那位有集郵嗜好的小孩。於是我從別處搜來一大堆海外郵票。隔日我又去見那位負責人，我告訴他是專程給他的小孩送來郵票的。結果，負責人熱情地跟我握手，臉上洋溢著和善友好的微笑，他主動地告訴我許多資料。」

「我從沒想到，只是將他人的事放在心上，送給對方幾張郵票，竟有意想不到的收穫。」

還有個例子。費城有家煤炭批發商，多年來一直想說服某大連鎖商店向他買煤炭，但那家公司卻總是向城外一家批發商購買，令他懊惱不已。

於是，我向他建議改用其他方式推銷。我就在班上安排了一次辯論會，主題是「連鎖商店的發展對社會的利與害」，同時他被指定爲正方主辯，得爲連鎖商店的發展利益，蒐集一切有力的資料。

他回憶地說：「我去拜訪那家連鎖商店的老闆，向他請教有關連鎖商店經營的事情。他熱忱地與我談了許久，除了詳述經營過程以及目前的業務，同時也一直充滿信心地強調連鎖商店在強化社會服務功能上的貢獻。原本對連鎖商店一竅不通的我，一時茅塞頓開，觀念上有了很大的改變。」

「當我告辭預備離開時，他熱絡地爲我祝福，除了預祝我勝利，並且要我告訴他辯論的經過，要我有空多去聊聊。同時他又向我保證，明年春天時，將會訂購我的煤炭。」

「簡直是奇蹟，十年以來我都沒辦法讓他對我的煤炭產生興趣，卻只因爲我對他這行的關心，就在短短兩個小時內，一切竟都改觀了。」

其實，這個眞理，也不是獨創的，早在紀元前一百年羅馬詩人亞拉斯瑞就曾說：「先關心別人，別人才會回頭關心我們。」

總之，要想別人喜歡你，就請記住：先拋棄自我，對別人的一切抱以真摯的、誠心的關懷。

用微笑留下一個最美好的印象

『甚至連魔法師梅林都無法匹敵的魔力
——微笑。』

最近我參加一個盛大的晚宴，席間看見一位珠光寶氣的貴婦人，雖然一身時髦裝扮，臉上卻毫無表情，冷若冰霜，眞教人不敢親近。

對一個女人來說，臉上的表情，永遠要比她身上穿戴來得重要。遺憾的是，這位貴婦人並沒記得這層道理。

史考布，那位年薪高達百萬美元的鋼鐵大王助理，曾告訴我說，他的微笑至少可叫價一百萬美元。因爲除了他傑出的品格與才華外，尤其他那富於魅力的微笑，也是使他事業成功的因素之一。

行爲的表現，永遠比文字或語言更具說服力。笑容永遠代表著無形的言語，像是在告訴你「我喜歡你，你使我高興，我很願意見你。」就好比狗之所以受到人們的喜歡，正是因為牠總是以最真誠的行為來透露牠對你的喜愛。

一副毫無感受的微笑，是否也有這般的功效？當然不是這麼回事，沒有人會上當的，因為那只是一種機械的、冷漠的笑，會惹人厭惡的。**我所說的微笑是一種出自內心，發乎於誠的微笑，只有這種微笑，才能引起他人友善的回報。**

領佔美國生意大宗的橡膠大王曾告訴我，他說他發現任何一個人對所從事的工作需報以滿懷的興趣，否則很難成功的。這位企業界的名人，一點也信不過單憑苦幹就能成功的說法。他說：「我所知道任何一個事業成功的人，都是興高采烈，對工作注以滿心的興趣，所以他能成功。而那些面對工作時，總以下油鍋的痛苦心情勉而為之的，從沒有一個成功。」

在班上，我總是要求那些商務人士，試著在公司裡始終保持著笑臉，而且得持續一星期，然後在課堂上把自己的心得提出討論。

於是一個在股票市場的場外經紀人史坦哈特，把他的試驗經過與結果寫在信上寄來，他的例子決不是罕有的，並且正代表著無數的別人。

他說：「我結婚十八年了，在這漫長的日子裡，我總是準時出門去辦事，我幾乎很少跟我太太笑一笑，或是說上十個字。」

「由於你讓我們提出關於笑的經驗，我決定先試一個星期看看。隔日早晨，當我梳理頭髮時，面對鏡裡的自己說：『史坦哈特，今天開始把微笑擺在臉上，把以往刻板的面容收藏起來，現在就開始吧！』當天早上吃早餐時，立即對我太太微笑說：『早安！親愛的。』」

「你曾預料，她一定會驚異非常，以爲看錯人，沒錯！她眞是像被電給觸昏頭的樣子，我馬上告訴她而今而後，我將天天保持這種笑容，結果，我不只做了一星期，兩個月以來，我的家庭生活天天充滿幸福、快樂。」

「上班時，我對電梯服務生也笑著招呼早安，甚至對大樓管理員、售票小姐、或是在股票的交易大廳上，我對每一個朋友報以親切的微笑。」

「我發現，別人也都還我一笑。任何人跑來對我抱怨或詢問任何問題，我也都以非常愉快的心情來爲他們排解。結果，不僅我變得更受歡迎，連我的收入也增加了許多。」

「辦公室裡，我的另一個合夥經紀人，請了一位年輕職員。後來我跟他聊到自己轉變的情形，他才坦白告訴我，說我以前眞是嚴肅得可怕，直到最近，他才發覺我也是平易近人，心裡也就不再對我有怪異畸形的感覺。」

「現在，除了保持微笑，我也經常讚美別人，把往昔好批評人的惡習除掉。凡事我總是盡可能站在他人的立場，爲別人設想，而再也不會只一味的關心自己的問題，這些轉變，對我的生活而言，眞如經過一番生活革命。從此，我變成另一個人，不但更富有、更快樂，而且得到更多友誼。」

上面這些，是一位在股票交易市場上表現突出的史坦哈特所寫。而今他的事業也扶搖直上。當然，微笑的力量占有絕對的影響。

你天生不愛笑嗎？那該怎麼辦？只有一個辦法，強迫自己微笑。沒有旁人在你身邊時，你可以吹個口哨，唱首歌，哼幾句戲曲，裝出你非常快樂。只要你願意，這樣也可以給自己帶來意想不到的快樂。

哈佛大學已故的心理學教授威廉・詹姆斯說：「若不加以研究，自會以爲動作是跟隨著感情的。實際上，二者是同時存在的，只要能善加引導意志控制行動來影響感情。所以，要想尋求快樂，簡單的做法就是振作起精神，給自己一副狀爲快樂的模樣。」

世界上每一個人都渴望幸福，而要得到幸福，只有一個辦法，那就是先控制自己的思想。因爲快樂、幸福與否，並不是在於外界處境的變化，而是在於自己心境的認定。

快樂與不快樂，並不是因爲你是何等人物、你的成就或是你從事哪一行。只要你想快樂，馬上就會快樂。比如兩個擁有同樣地位的人，可能有一人感覺如魚得水，其樂無比；而另一人就可能覺得苦不堪言。爲什麼呢？完全是他們對自己的心理狀態各有不同的認定。

莎士比亞說過：「世界上並沒有一定的好壞，我們認爲它是好，它就是好；別人認爲它是壞，它就是壞。」

林肯也曾說：「想要擁有無可比擬的快樂，全看我們如何去製造快樂。」

有一回，我在長島車站，看到一群殘障兒童，很吃力地沿著階梯一步一步地往上爬，其中一位還需要隨隊老師抱著上梯，才能上樓。他們一邊吃力地攀爬，一邊還在高聲談笑，眞是讓我吃驚不已。於是我和隨隊老師談論此事，他對我說：「是啊！當小孩子初次面對自己終將一輩子殘廢時，確實會難過一陣子，但過了一段時間，待他們明白一切都是上天安排時，他們就會開始尋找他們的快樂。目前他們的生活，快樂的心情絕不在正常兒童之下。」

我眞忍不住地想脫下帽子，對這些殘障兒童致敬，他們帶給我一個活生生的，一生也忘不了的大啓示。

想當年聖路易城棒球隊的著名三壘手白格，如今搖身一變，成爲目前保險界最成功的推銷員之一。他說早在多年以前，他就發現微笑的超級魔力。所以每當他登門拜訪客人前，總是先在門外停留幾分鐘，想想許多値得他衷心感恩的事情，心裡滿懷感激，露出一臉眞誠的微笑，再推門進屋。

他一直很肯定地認爲，今日他的事業可以達到比別人還高頂點的成就，微笑有絕對的影響力。

讓我們一起記住阿巴德的可貴忠言。但是只記住它而不去身體力行，忠言對你來講也只是廢話而已。

「每一次你走出門時，先將你的下巴往裡收，而後抬頭、挺胸，微笑地向每一位朋友招呼，高興地握手，讓大家領受到你的友善。不用擔心別人會誤會，也不要浪費任何一分一秒想像你的敵人如何如何，專心地想好自己要做些什麼事，然後朝著目標全力去做。經常在腦子裡想著那些偉大的人物，學習他們的長處，久而久之，你自會變得跟他們一樣受人歡迎。此外，常常讓自己保持一種樂觀、進取的態度，這才是創造生命活力的泉源。只要保持信心，需求就可以獲得滿足，祈望也可以實現。別忘了抬頭、挺胸，笑臉迎人。」

中國古聖賢有句最耐人尋味的眞言——「和氣生財」，各位眞該一生背誦，永誌不忘才是。

知道嗎？微笑是不需成本的，但它的利潤卻永遠是最豐盛的。

熟記他人的姓名

『就算是天上的仙樂，也比不上自己的名字來得悅耳動聽。』

傑姆十歲那年，父親意外去世，留下他母親和兩個弟弟。由於家境貧困，他於是輟學四處打工以貼補家用。雖然學歷不高，他天生特有的熱情與坦率的個性，使他到處都受人歡迎，也因而在政界漸露頭角，擠列名位。最令人佩服的莫過於是他那異於常人的本領——任何他認識的人，他一定將對方的全名牢牢記住，絲毫不差。

他連高中都沒畢業，卻在四十六歲那年，高居全美郵政首長之職以及民主黨要職。

有一次我特地訪問他，問起他成功的祕訣。他說：「就是努力不懈地工作吧！」我說他又在開玩笑，於是他反問我：「那你認爲我成功的原因是什麼呢？」我說：「聽說你可以叫出一萬個以上朋友的全名。」

「不！你可說錯了，我可以叫出五萬個人的名字。」

這就是傑姆。每當他新認識一個人時，他定會弄清楚對方的全名、家庭以及他的工作，甚至他的政治立場。下回他又碰到這人時，不管時間隔了多久，傑姆一定會上前寒喧問好，關心他的家庭生活，各方面的工作情形。由於他的這一份能耐，更使得大家樂於與他親近。

羅斯福競選總統時，傑姆搭乘火車往來於中西部，每到一地，他都親自深入群眾，親切地與大家談話，並適時地傳達羅斯福的政見。

等他回到東岸時，立刻發出信函給每一個他所會見過的朋友，並請他們把他在該地參加晚宴的來賓名單寄給他。結果一共收到數萬人的名單，他立即將所有人名記錄成一小冊子，並一一寫信給名冊上的每一個人，在信中直接以親切的口氣稱呼對方，如「親愛的比爾」、「親愛的若瑟」等，信尾也都親自簽下自己的名字「傑姆」。

其實，傑姆很早就體會出人們對自己的名字，永遠是最感興趣、最為關心的。每當自己的名字被他人正確地叫出來時，我們就有被重視的感覺，倘若名字被叫錯或被忘了，那還眞是教人心裡大大地不愉快。有一次，我在巴黎舉辦演講會，發函給所有旅居巴黎的美國僑胞，邀請他們來聽演講，結果一位派駐巴黎的銀行經理來信，在信中嚴厲地將我訓斥一頓，原因是發函時，我的法籍祕書小姐拼錯了他的名字。

卡內基為何被尊稱為鋼鐵大王？實際上，他本人對鋼鐵的生產製造，所知不多，但他擁有許多比他懂得更多的技術人員替他工作。他更曉得如何用人，這也是他之所以致富的原因。

早在十歲時，卡內基就已經發現人們對自己的名字特別重視，於是在日常生活上他便加以利用，獲得了許多友善的合作。那時候他養了一隻母兔子，時日一久，母兔子生了一窩小兔子，由於他沒有多餘的時間與金錢來養那些小兔子，於是他就到學校對同學們說，誰要有紅蘿蔔和青菜葉子養兔子，小兔子就以他的名字命名。

這個方法果眞奏效，卡內基從此即牢牢地記住這一道理。數十年後，他就憑著這套哲學，為自己賺進無數的財富。

有一次，卡內基先生想將鋼鐵賣給賓州鐵路局，於是就在匹茲堡成立另一家規模很大的廠房，並以賓州鐵路局局長艾格·湯普森的名字為新廠名。如此一來，賓州鐵路局需購鋼軌時，依你之見，他們會向誰買呢？

還有一次，為了搶標美國太平洋公司的臥車工程，卡內基和另一家以布爾曼為首的鋼鐵公司競爭，雙方除了競價激烈，也互相攻喧，並蓄意削價搶標，後來兩敗俱傷，二家廠皆無利潤可言。湊巧有一日，卡內基與布爾曼同時在紐約一家大飯店出現，卡內基主動與他招呼：「布爾曼先生，你不覺得我們是在愚弄自己、攻擊自己而已嗎？」布爾曼反問原因，於是卡內基馬上提出一個雙方都有利的方案：二家合資另建一家新的鋼鐵公司，接下臥車工程的生意，大家平均分享利潤。布爾曼聽了以後不以為然地問：「那這家公司該如何稱呼呢？」

卡內基毫不猶疑地回答：「就將它命名為『布爾曼豪華臥車公司』，你以為如何？」布爾曼聽後，大為開懷地說：「走吧！我們得好好地從長計議。」就這麼一結合，也改寫了美國工業界的歷史。

卡內基領導人的才華，正是這種重視他人姓名的良好印象，他一直很得意地認為，他可以隨口叫出所有部屬的姓名；他甚至誇口，只要是他所領導的員工，絕對不會有罷工事件發生。

說實在的，人們對於自己的名字除了有強烈的自重感外，尤其更希望能名垂青史，萬古流芳。於是有人捐書、捐古物給圖書館、博物館，為的就是希望在館史的紀錄上也能被記上一筆，使他們的大名能與館長存。甚至教會、佛寺為了鼓勵信徒踴躍捐獻，特意將捐獻者大名鑲於大玻璃上或鐫刻於龍柱上，供人瞻仰。人類天生的好名、愛名，由此可見一斑。

然而許多人總是藉口工作太忙，無暇記這些瑣事。但像羅斯福這樣的大忙人，都不忘花時間去記那些市井小民的名字。舉個例子，克萊斯勒公司爲羅斯福總統設計了一輛汽車，由工程師張伯倫先生同另一位技師一起將車送到白宮。事後張伯倫先生回憶說：

「我教給總統使用那輛車的技巧，總統卻教給我待人的祕訣。」

「我們進到白宮時，總統十分愉快，並且親切地直呼我的姓名，讓我覺得既和藹又友善。當我開始爲總統講述車子的種種設計時，他聽得極專注，表現出十分地感興趣。車子的特別完全在於手的操縱，那時候總統當著許多圍觀的人誇讚說：『這輛車眞是了得，只要一觸及電鈕，車子即可開走，操作起來眞是省事又省力。你們到底是怎麼設計的，哪天我得拆下它瞧個究竟。』同時，他把黑人僕役叫來說：『喬治，以後你可得多注意保養車上任何的特別裝備。』」

「當我像他說明完汽車的性能後，總統因爲有個會議要開，於是熱誠地跟我握手，同時也對我極爲感謝，而後才告辭走開。從他的言談，我可以肯定地保證，總統絕對是眞誠，是友善可親的。」

「返回公司後沒幾天，總統竟然寄來謝卡以及他本人的簽名照，至今我仍無法想像何以一個日理萬機的大忙人，卻仍能細心留意這些小事，的確不簡單。」

事實上，羅斯福總統所應用的只是一種全世界最爲簡易的方法，最爲讓人感受到重視、受到感激的方法。問題是，這麼簡單的事，眞正能做到的又有幾人？

十次有五次，每回有人介紹給我們一位陌生人時，總是寒喧幾句後，馬上就忘了對方的姓名了。

以拿破崙三世來說，雖然十分忙碌，卻能記住他所認識的每一個人的姓名。說起來，這也沒什麼特別的技巧。每新認識一個人時，若未聽清楚他叫什麼名字，他便說：「很抱歉，我沒有聽清楚你的名字。」如果對方的名字十分特殊，他一定會問：「請問怎麼寫法？」談話時，他必定重複說幾次對方的名字，並且注意對方的神態反應，同時也記住對方的特徵。

如果新認識的是個重要人物，他就會更費心思，一等客人離去，他就把那人的名字寫在紙上，熟記後再把紙條給撕掉。如此，對方的姓名已經在他的心中永遠記住了。

當然，這眞是相當費神費時的，但艾默生說：「完美的品格，往往是無數的小小犧牲換來的。」

所以，別忘了他人的姓名，他人也才會記得你、歡迎你。

永遠做個好聽衆

『注意傾聽的奉承態度，是永遠不被反對拒絕的。』

最近我被邀請參加一個「橋牌聚會」，我是不會打的，碰巧也有一位女士不怎麼會玩牌，於是我們就東南西北地閒聊。她知道我曾經是電台主持人湯瑪士的經理，專門爲他撰寫各地旅遊後的觀感見聞，供他發表。因此她對我說：「哦！卡內基先生！我多希望能親耳聽你在各地的所見所聞！」

我們一起在沙發上坐下來，她告訴我她和丈夫最近才剛從非洲回來。「非洲！」我驚訝地喊道：「多有意思啊！我總是希望能去非洲看看，卻一直沒有機會實現，我只有一次在阿爾及利亞過境，停留二十四個小時。你快告訴我，你是不是整個非洲都跑遍了。你眞幸運，我來聽聽你的奇妙之旅吧。」

她對我講了四十五分鐘，也不再問我有關旅行各地的見聞。她所需要的是一個耐心專注聽她講話的人，她需要滿足自我爲中心的意念。

你以爲她心理有問題？才不呢！很多人跟她一樣。

有一次，我參加出版商所舉行的晚宴，認識一位植物學家。我從來也沒認識過植物學家，我覺得他很有趣，就坐在他旁邊靜靜地聽他講述許多關於植物的趣事，他還教給我非常多園藝的常識，幫我解決相當多關於室內花園的問題。

同在晚宴上的尚有十幾名客人，我卻顧不得禮貌與否，逕自和那位植物學家談了好幾個小時。

直到午夜，我向主人及其他賓客告辭準備離去，臨走前聽到那位植物學家當著主人的面，誇我有知識、有思想，也很健談，跟我談話委實受益不少。

但事實上，我幾乎什麼話也沒說，因爲對植物學我根本是一竅不通，我只是專心地、很有興趣地聽他談話，他也感覺得出來我在注意傾聽，所以他愉快地誇讚我。

注意啊！注意傾聽，眞是給對方一種無可比喻的讚美，它帶給人們的滿足與喜悅，絕不是任何高價的贈予所可比擬的。對植物學家而言，我所做的是「眞心的讚美，不吝的誇讚」。我對他說我希望能有他的學識，我更希望到他的工作室參觀，我一定要再去拜訪他，向他請教許多問題。

我所說的話使他愉悅至極，因爲我滿足了他的發表欲與強烈的自我意識。簡單地說，我只不過是做個好聽眾罷了。

在商場上要能掌握先機，事事成功的祕訣，就得依照伊洛特的說法了。他說：「商業成功的祕訣，並不是什麼神祕的大事，只要懂得專心傾聽對方發表意見，你就已經占優勢了。因爲天底下最叫人迷醉的，正是這種專心的傾聽。」

乍聽之下，這事眞是簡單易行，但是又有幾個人能眞正運用實行呢？許多商人只懂得花鉅額資金，在黃金地段租用店面，把店面裝潢得富麗堂皇，叫人目不暇給，卻老是請一些只會兀自吹噓，無法耐心傾聽顧客講話，甚至對顧客的提問一再惡劣批評的店員。如此一來，只惹得人生厭，哪會有生意上門。

在我班上的一名學員武塔先生，就提供了一件他的親身經歷：

他在紐澤西的紐亞克市一家百貨公司買了一套西裝，結果穿沒幾天，衣服居然會褪色，連襯衣領子都被染上顏色了。

於是他拿著那套衣服回百貨公司，找到該售貨員，對她詳加解說，但是那位售貨員根本不聽他任何一句話，甚至理直氣壯地說：「這樣的衣服我們賣過幾千套了，從來也沒有這種情形發生。」

正在爭辯之際，另一位售貨員幫腔道：「深色的衣服免不了都會掉色，何況這套衣服是便宜貨，染色差些，掉色也是正常的。」

武塔說：「那時我可氣炸了，一個說我故意惹事，一個說我買次等貨。我正想大罵那兩個職員時，忽然百貨部經理走來，他眞是位高手，兩、三下就平息了我的怒氣，保住了一個可能已經失去的顧客。」

「一來，他靜靜地聽我把衣服的事從頭說完，不說任何一句話。而後，當我說完時，兩位售貨員又七嘴八舌發表意見，這位經理卻替我爭辯，還對她們說不應該賣給顧客不滿意的貨品。」

「最後，他指出他眞是不知道西裝爲什麼會褪色，他說：『我會聽從你的意見，並且立刻照辦。』」

「幾分鐘前，我還氣得想把那套衣服往他們身上扔，要是他們不退錢，我就來個死纏到底。但是在那位經理這麼一說之後，我卻改了口：『我只希望你們能告訴我衣服褪色是否是暫時現象，你是否有什麼建議呢？』」

「於是他建議我拿回去再試穿一星期，他說：『如果仍會褪色，你再拿回來我們公司，我換套新的給你，眞是抱歉，給你添了這麼多的麻煩。』」

「當我走出百貨公司時，心中著實滿意多了。一星期後，那套西裝眞的不再褪色，而我對那家百貨公司的信心，也得以重建。」

「難怪那位經理可以身居要職，倒是那兩位售貨員眞該調到包裝部，最好連跟顧客碰面的機會也沒有。」

幾年以前，紐約電話公司也曾碰到一件相當棘手的事情，一名顧客非但信口胡罵接線生，除了拒繳電話費用，甚至還四處投書攻擊，並且列舉多項罪名，公開指控該公司。

最後，電話公司派了一名精幹的說客拜訪該名客戶，當他拜訪該位客戶時，他所作唯一的事，就是專注地傾聽對方將滿腹的不滿暢所欲言講出來。

「他在我面前一邊怒罵、一邊大嚷。將近談了三個多小時，他似乎從未見過如此一個肯聽他把話說完的電話公司人員。幾次交談後，他的態度完全改變了，不但繳清所有電話費，而且連控訴也一併撤銷。」

無疑地，那位先生一定是以爲自己在主持正義，爲公眾爭取權益。事實上，他眞正需要的是，滿足一種能受到重視的需要。一開始，他以攻訐謾罵來取得這層滿足，一旦他能從電話公司的代表身上獲得受重視的感覺，得到滿足後，原先的敵意也就全然消失殆盡。

幾年前的一個早上，一位暴跳如雷的顧客衝進代墨的紡織公司，當時的情形，據代墨形容是：

「那位顧客欠了我們十五美元，他卻不承認，本公司發函催討，他仍不肯承認欠錢之事。後來，他親自衝進辦公室與我理論，並揚言不再買任何關於代墨公司的產品。」

「我耐心地聽他把話說完，雖然談話中途，我幾乎想打斷他的話，據理力爭，但我努力克制住，我想這不會是解決問題的方法。直到他把話說完，我才緩緩地回答：『謝謝你專程跑來紐約告訴我這件嚴重的錯誤，你這樣的做法眞是幫了我們的大忙，如果我們這樣催款得罪了你，一定也得罪了其他的主顧，這種情形眞是不得了。』」

「他一定很失望也很訝異，他一定以爲我會跟他大吵，但我卻是很感謝他的來意。我反而告訴他公司的會計人員每天都有大批的帳要催繳，難免會有些疏漏，十五元的欠款，就此抹掉。」

「我又告訴他，換成我是他，我也會很生氣。既然他以後再也不買我們公司的產品，我就另外介紹幾家信譽不錯的同行給他。」

「平常他來談生意時，我都會請他一起用餐，那天，我依舊請他用餐。用完餐後，他竟然下了一張遠超過以往的大訂單給公司。然後愉快地離開我的辦公室。」

「回去之後，他重新仔細地核對每一筆帳目，才發現其中眞漏了一筆十五元的帳款，隨即發出匯票補足帳款，並親筆表示歉意。」

「後來，他太太爲他生了個兒子，他還特地取名爲代墨，和本公司維持了長達二十幾年的生意關係。」

若干年前，一名貧困的小男生靠拾荒維生，如今卻成爲全美最成功的編輯之一。他就是愛德華・波克，他能成功，也正是他充分應用了本章所講述的道理。

十三歲時，他就因貧困而輟學，以每週六元兩角五的微薄酬勞，在公司擔任小弟。然而他並不因此放棄任何希望，他省吃儉用，辛苦地存錢買了一部美國名人傳記百科全書，專心研讀，並且親自去函給他崇拜的名人，詢問他們奮鬥的事蹟，他寫信給賈菲爾德，問他是否眞在童年時做過拉伕工人？他也寫信給格蘭特將軍，請教一些內戰的史實，格蘭特將軍不但親筆回信，還爲他繪圖說明戰爭情形，並且邀請這位小男孩一同進餐，與他暢談。

他除了寫信給那些廣受尊重的大人物，並且抽空一一拜訪他們，同時也接受他們熱忱的款待。從此建立起奮發向上、見賢思齊的心志，扭轉了自己一生的命運，這一切，也正是因爲他懂得本章所述的原則。

世界最著名影劇訪問者馬克森，曾經明白地指出，許多人無法留給他人良好的印象，正是因爲他們沒能耐心地做個好聽眾。「他們只曉得該如何把自己的話給說完，根本沒耐心聽完別人的話。許多大人物說，他們寧願和肯耐心聽話的人談話，也不願與那些只喜歡表示自己意見的人分享、討論事情。說起來，肯耐心聽話還眞是難得的美德。」

曾經當南北戰爭緊急的時候，林肯寫信給他在伊利諾州的老朋友，要他親自來華盛頓，說有事要跟他商量。他的老朋友進入白宮後，林肯和他談了幾個小時關於一篇解放黑奴的宣言。隨後又取出一些外界批評或讚許的信函及文章，不厭其煩地唸給老朋友聽。講了幾小時後，他也不曾徵詢老朋友任何的意見，就起身與老朋友道別。林肯需要的只是個聽眾，使他能盡傾心中的鬱悶，理清自己的思緒。

他的老朋友回憶當時說：「他說完後，情緒也就平靜多了。」

假如你想讓人一見你就如見到鬼怪那般避之唯恐不及。最簡單的一個法子，那就是：不管誰講話一概不理，只管滔滔不絕地扯自己的事，並且打斷對方的談話，隨時插進自己的意見。

你見過這等人類嗎？說實在的，太多社會上的知名人士也犯有這毛病。這種人自以爲高級、高階層、目中無人，和這種人交往最無益、也最浪費時間。

哥倫比亞大學校長巴德勒說過：「若只想到自己，無論他的學識有多高，都只是個沒教養的人。」

假如，你想讓自己成爲一個很好的談話對象，就得記住，先從好聽眾做起。無時無刻地請教他人，讓他高興地回答的問題，鼓勵別人多談論自己的事蹟，讓他盡情吐露心中的話。

一定得記住一件事，不管誰跟你談話，他的問題絕對超過你的千百倍重要。他的牙痛要比數千萬待斃的災民嚴重；他的小瘡腫也比日本大地震重要幾百倍。只要能隨時想到這一點，下回你再跟別人談話，保證會有一個很意外的收穫。

投其所好

『談論他感興趣的話題，必然事半功倍、攻無不克。』

任何一位拜訪過羅斯福總統的人，一定都會為他淵博的學識感到訝異不已。一位曾拜會過他，名叫布萊弗德的人曾說：「不論對方是哪一類型的人，他都有辦法跟他們談得極爲熱烈且愉快。」

這是怎麼做到的？很簡單，羅斯福總統每每在接見對方的前一晚上，必定先弄清楚對方的興趣所在，然後再把能讓對方感到興趣的話題給想好。

因爲他悟到了一個原理：「所有在高階層的領導人物，要得到人們的眞心歡迎，就得針對每一個人，投其所好。」

前耶魯大學文學院費爾浦教授，很早就悟出這一點。他在一篇發表於《人性》雜誌上的文章中說：

「八歲那一年，有次我到姨媽家度假，恰巧有位中年男子來訪，他先和姨媽聊了一陣子，後來就開始注意起我，碰巧那時候，我對船類瘋狂地入迷，這位先生就跟我談了一大堆關於這方面的事。那天，我眞是開心極了，一直到他道別離開，我還一直誇讚他眞是個好人。姨媽卻對我說：『因爲他是紳士，他有紳士風度，知道你對船有興趣，所以挑你喜歡的話題聊，好引起你的興趣呀！』」

「從那時候開始，我深深地記住這個啓示。」

又有個例子，是一位從事童軍教育工作的查利弗先生的際遇：

他說：「有一次，爲了找人贊助一名童軍能參加在歐洲舉行的世界童軍大會，於是我就前往一家大公司，拜會董事長，希望他能拋磚引玉，共襄盛舉。」

「拜訪他之前，我曾聽說他開了一張一百萬元的支票，後來因故作廢，他就用玻璃框裱起來，掛在牆上作紀念。」

「當我與他碰面時，立即以支票爲話題，並且要求參觀那張支票。我告訴他，我從來沒見過任何人開過如此大額支票，我將把我在此的所見所聞，說給那些小童軍聽。於是，他毫不考慮地爲我解說那張支票的情形。」

你留意到了嗎？查利弗先生沒有一開始就談論募捐的事，他只是提到對方很感興趣的事，結果——

「說完關於支票的事後，未等我開口，那位董事長就問我：『你今天來找我，有什麼事嗎？』於是我一五一十地說明來意。」

「那眞是太意外了，他除了答應我的要求，而且答應贊助另外五個童軍一道去參加世界童軍大會，他要我當領隊，還負責我們所有的開銷。另外他又親筆寫了封推薦函，要求他在歐洲分公司的主管，提供一切所需的服務。後來，連他本人也親到巴黎，權充嚮導，帶我們暢遊巴黎各地。」

「從那次以後，他就大力贊助各項童軍活動，而且也不遺餘力幫助貧困的童軍就業。」

「說實在的，當初若沒投其所好，恐怕事情就沒這麼順利了。」

這套方法，用在商場上，也可以出奇制勝。

紐約一家高級麵包公司，經理名叫杜文諾，四年多以來總是想盡辦法要讓一家大旅館訂購他們的麵包，他總是藉故住進那家旅館，想以此爲進，能與他們談好買賣，但是他都失敗了。

杜文諾說：「後來我研究有關人際關係的書，於是我改變策略，重新再試。」

「我發現大旅館的經理是全美餐旅業協會會員，由於熱心公務，被推爲該會會長，任何地方的任何大小會議，他一定親自到場。」

「所以，我重新出發，第一次與他碰面時，立即以此會爲話題，跟他聊了起來。他十分興高采烈地一直述說該會的情形，我可以確定那個會已經成了他的精神所在，他甚至竭力邀我加入會員。當時我並沒提到任何一句關於麵包的事。過了些日子，旅館的管事通知我，要我把麵包價目表以及樣品送過去。」

「那位管事一看到我，笑著對我說：『你眞不賴，我們經理似乎特別賞識你。』」

「想想看，四年多的心血，竟比不上投其所好的一席長談，假如不是用心想出他的興趣所在，最後再來個四年，我也是一樣無法探其門路。」

各位，明白了這個原則了吧！

博取好感

『人類最渴望的，就是外界的認可與尊重。永遠別忘了讓別人感受到他的重要性。』

有一天我到紐約第八街的一家郵局，寄發一封掛號信，由於人很多，只得排在隊伍裡慢慢前進，我無聊地注意到收信的郵務員，一面秤信、取郵票，又要找錢，寫寄信條，年復一年做這種工作眞是既單調又沉悶。因此，我對自己說：「我要使他高興起來，讓他喜歡我。我一定得對他說些讚美的話。」於是，我對自己仔細地問道：「他身上有些什麼值得我讚美的呢？」站在隊伍裡，我靜靜地觀察，我終於發現一件值得衷心稱讚的事。

當他開始秤我的信，我很友善地說：「我眞希望也能擁有和你一樣的一頭美髮。」他抬起頭來，一分鐘的訝異後，隨即綻露一臉笑容。他謙虛地答道：「哪裡，比以前差多了。」我對他說雖然光澤有差，但看起來漂亮又相當瀟灑。他眞是樂極了，熱絡地跟我聊了起來，臨走時，他又對我說：「許多人也都很羨慕我這一頭黑髮。」

我敢打賭，那位郵務員下班時，一定快樂似神仙，回到家時，一定會得意地告訴他太太，並且會對著鏡子驕傲地說：「看吧！眞不是蓋的！」

我曾在演講時，提到這段小故事，有位聽眾問我：「你對他說這話時，是否有什麼目的？」

我想有求於他？老天啊！我要想從他身上獲得什麼呢？

人眞的都該那麼自私，除了從別人身上取點什麼，卻連一丁點的愉快也不分給別人嗎？在我們的一生中，眞要這麼小心眼，那我們還企盼獲得什麼呢？

噢！那是眞的，我確實是想從那個人身上得到點什麼。我想得到，而且我已經得到了。我使他獲得了快樂而不需對我回報任何事。那種享受，就算是在十年後，也將永遠閃耀在他心裡。

人類的行爲舉動總有條最絕對的原則，如果你能遵守，自然會避開無數不必要的麻煩，事實上，也可爲我們帶來許多友善的朋友，得到永久的快樂。那條絕對的原則就是：「**永遠別忘了讓別人感受到他的重要性。**」

杜威教授也曾表明，人類天性中最大欲望莫過於自己的重要性。詹姆斯教授說道：「人類最深處的本質，就是渴望受到讚美。」我曾在書中一直強調人畜之別就在於此，文明的成長也以此為原動力。

幾世紀以來，哲學家也對人類關係進行探討研究。三千年前，波斯哲人瑣羅斯特說過這樣的話，於是成了拜火教的定律。二千多年前，中國的孔老夫子、道教的老子、甚至釋迦牟尼在傳道時，也時時把那定律傳給大眾。耶穌也曾在二千年前昭示信徒：

「你要別人如何對待你，你得先如何對待別人。」

只要是人，不外你我，都一樣渴望別人的贊同與認可。那是真誠無假的讚許，絲毫沒有做作的；以此待人，換來的才會是永久的希望與快樂。

讓我們記住這條金科玉律，以希望別人怎樣待我們地去對待別人。

舉例來說：有一回，我到無線電城大廈，向一名服務台人員詢問蘇凡尼辦公室在幾樓。那職員穿著整齊、精神抖擻，他有禮地且簡潔有聲地說：「蘇凡尼先生，十八樓，十六號房。」

我急忙奔向電梯，突然一念頭閃過，又走回來對那職員說：「我覺得你說話的口氣，清晰明朗，神態不凡，眞像一位藝術家。」

他的臉上立即綻放出喜悅的笑容，精神更為振奮。當我登上十八樓時，我也感到一陣喜悅，因爲我又把快樂散播給別人，又有少許的溫暖與喜悅充塡在人類世界。

再舉個例子，在餐館時，女侍若送來你不喜歡的甜點或飲料，如果你能很禮貌地說：「對不起，能否麻煩你爲我換杯紅茶？」她一定會回答：「哪裡，一點也不麻煩的。」她會立即地爲你更換，因爲你讓她感到受到尊重。

日常生活中，若能隨口說：「請、對不起、麻煩你、謝謝、你介意嗎？」等的客套辭句，相信在你的生活周遭，必會有許多意想不到的收穫，同時也可避開許多無謂的爭執。因爲在他人心目中，你是個有教養的人。

名小說家霍爾．凱因斯原是鐵匠之子，出身卑微，十一歲時就因家困而輟學，然而他死時卻是世界上最富有的文人。

凱因斯愛好十四行詩以及短歌，他對英國詩人羅賽提的詩文異常喜愛且熟讀它們，同時他常寫讚美羅賽提的文章，發表於報章雜誌，而且也寄了一份給羅賽提。羅賽提很高興，認爲這位了解他詩文的年輕人大有可爲，於是去函給他，邀他相見並聘他爲私人祕書。從此，凱因斯的一生開始有了轉變，他因爲工作，開始認識許多大文豪，在他們的指點、鼓勵之下，努力寫作，變成了文壇的佼佼者。

如今，凱因斯的私人宅邸——格瑞巴城堡已成爲世界各地的旅人都想前去瞻仰的聖地。他死後的產業，多達二百五十萬美元。然而，當年他若沒有寫那些發自內心的讚美文章，他能否有今日的成就，可就難料了。

這就是出自眞誠讚美他人的偉大力量。

羅賽提自認爲是重要人物，那並不稀奇，普天之下，每個人都認爲自己很重要。

你是否以爲自己比印度人優秀？然而許多印度人覺得自己優秀於你。你認爲自己是白種人而優越於任何種族？那是你自己的想法。愛斯基摩人把族中好吃懶做的叫做「白種人」；而一個思想守舊的日本人，看到他們的女孩子與白人在公共場所共舞，也會給予輕視的。

很明顯地，許多國家、種族，都以爲自身優越於其他國家、種族，夜郎自大，所以世界上才有這麼多紛爭。

凡你所遇著的每個人都免不了自覺比你優秀；只有一個法子可以避免衝突，化戾氣為祥和，那就是承認對方的優秀處，真誠地承認。

莎士比亞說過：「人、驕傲的人！只要有一點小權勢，就胡作非爲，使神也傷心落淚。」

別忘了，自滿會招惹別人的反感、憎惡。想想中國哲人孔老夫子的話：「三人行，必有我師焉！」要有認可他人優越性的胸襟啊！

告訴各位發生於我的學員身上的三個小故事，你就會驚訝，虛懷若谷，讚美別人的優點，會有多驚人的結果。

×先生來我班上聽講不久，有一天，他帶著太太前往長島去探望親戚，她留下×先生與一位老姨母閒談，自己去看另一個親戚。這位×先生想把在班上所學的原則應用在老姨母身上看看。

「這棟房子建立於一九八〇年吧？」他環視整棟屋子後問道。

「對啊！正是八〇年代的建築物。」老姨母回答。

「它讓我想起了我出生時的老家。那房子跟這棟一模一樣，完美的設計，有自己獨特的風格，現在要找到這種建築物，很難了！」

「你說的對極了，現在的年輕人只曉得有房子住，有車子可以到處跑就夠了，哪有心思去研究住的藝術。」老姨母頗有同感地說。

老姨母又以柔柔的聲調說：「這是愛的結晶，我丈夫和我親自爲它設計，這是一棟夢想的房子。」

於是，她帶著×先生到各個房間參觀，他對所見的各種珍品、內部裝潢、格局發出由衷的讚嘆。而後，又領他到車庫，看一輛年分已久、卻是煥然一新的跑車。

「我丈夫買了這輛車沒多久就去世了。從他去世到現在我不曾坐過。你懂得欣賞眞正美好的東西，所以我要把車子贈送給你。」

我太驚訝了，急忙問道：「爲什麼呢？阿姨，妳眞把我給嚇著了！我感激妳的慷慨贈予，可是我已經有一輛新車了，更何況妳還有很多的親戚可以贈送。」

「很多的親戚！」她幾乎喊道：「我是有很多親戚，但他們全都盼望我早點死掉，好分到家產以及車子，我偏不讓他們得償宿願。」

「如果不送，也可以把它賣給車行。」×先生接著說。

「把它賣掉？老天啊！我怎麼能忍受看到一個陌生人開著這輛車在街上跑呢？它是我丈夫親自買的，親自爲我買的，我絕不會賣掉它。只有你懂得眞正美的東西，我一定要送給你，我只放心你開走它。」

雖然×先生一再婉拒，但爲不使老姨母傷心，他也就接下了這份餽贈。

這位老姨母晚年孤獨，隻身住在這一棟古樸、雅致卻又充滿浪漫回憶的屋子，她所渴望的正是來自外界的認可。她曾年輕、美麗、浪漫，和愛人共同起造房子，而今只落得空守大宅院，孤獨寂寞，她最渴望的正是外人給予的關懷與認可。所以當有人給她這層滿足時，她會有如臨甘泉般安慰，感激莫名，她只是藉車子的贈予來表白那份滿溢的感懷之情。

第二個故事就是建築師唐納的際遇，唐納說：「在我聽了『如何結交朋友，如何影響他人』的課後，我去一名法官家爲他設計園景，那位法官提出了好些意見，他說明希望正楠種哪裡，杜鵑種哪裡，要我能依此費心設計。」

「在這之前，我已聽說他對養狗的事非常講究重視。見到他時，我就說：『法官先生！聽說你對養狗眞是了不得，還得了不少狗展的藍帶獎。』」

「想不到就那麼幾句讚美的話，卻得到意外的結果。」

「他對我說：『我對狗非常感興趣，你要參觀我的狗兒們嗎？』」

「於是，他放下工作，花了一小時的時間，一一介紹他的狗兒，以及那些參加狗展得到的獎章、錦旗。他甚至把每隻狗的家譜一一介紹。」

「他最後突然問我：『你有小孩嗎？』」

「『有啊！』我回答：『我有個小兒子！』」

「他立刻又問：『他喜歡狗嗎？』」

「『哦！他喜歡得很！』」

「『好極了，我就送他一隻。』接下來，他開始教我如何餵小狗，最後他又怕我忘掉，他把狗兒的系譜，以及如何餵食全用打字機很清楚地打出來，而且送我一隻價值百元以上的名犬。讚美的力量眞是不可思議！」

第三個故事則是因發明透明底片而名利雙收的柯達公司的伊斯曼，雖然成爲一位大富商，卻也平凡如你我，渴望得到別人的認可與讚美。

多年前，伊斯曼想在羅徹斯塔捐造一棟音樂廳，並也爲了紀念他的母親而建造一座劇院。當時紐約一家高級傢俱公司的經理亞當森，想包下該劇院的座椅工程。他和伊斯曼便約好了洽談此事。

當亞當森到達柯達公司時，一位工程師善意地對他說：「我知道你想簽下劇院座椅的合同；但是伊斯曼先生很忙，他脾氣很躁，你若打擾他超過五分鐘，你就完了。所以記得一點，把你的來意說完後趕快告辭。」

他被引進伊斯曼的辦公室，那時伊斯曼正埋首於大堆的文件之中，只略抬一下頭，向亞當森說：「你早，先生！我能爲你效勞什麼嗎？」

等工程師爲他們介紹完，亞當森便說：「伊斯曼先生！你的辦公室裝潢得美輪美奐，如果我是你也一定很高興在裡面工作，我從事裝潢工作很久了，卻從來沒有見過這麼雅致的辦公室。」

伊斯曼拿下眼鏡應道：「你提醒了我一件事，當初辦公室落成時，我眞是喜歡得不得了！它確實美極了！但是現在，我卻因爲太忙，完全忽略了它。」

亞當森走到牆邊，邊用手摸邊說：「這是英國楡木？跟義大利楡木稍有不同，風格各異！」

隨後伊斯曼引領亞當森參觀室內，他自己設計的雕刻門，牆的油漆顏色以及各種配備。二人就在窗邊停了下來，伊斯曼若有所思地提起他爲社會福利所作的種種，亞當森熱忱地爲他這種慈善心腸讚許。

亞當森問起他創業的情形時，伊斯曼先生竟毫不保留地將童年貧困的生活，以及爲做實驗，一連三天未曾睡覺的工作情形，全都對亞當森說了。兩個小時都過了，他們仍滔滔不絕地談論著。

最後，伊斯曼對亞當森說：「對了，上次我到日本，買了幾張椅子回來，放在陽台上曬沒幾天漆都脫落了，前幾天我特地到街上買了些油漆回來，重新爲它們上漆，你想看看我的手藝嗎？一起到我家用餐，順便給你看看那幾張椅子。」

用完餐，伊斯曼眞的帶他參觀重新漆過的椅子。那些椅子也只不過值幾個錢，但是富可敵國的大富商卻對它們視若珍品，因爲那是他自己親自油漆的，自然非比尋常。

劇院座椅的工程估價約在九萬美元，你想誰會得到這紙合同，除了亞當森還有誰？

從那次見面後，伊斯曼和亞當森成了莫逆之交。

你一定會想，這討人欣喜的妙方，該從何處著手嘗試？我想最需要這個原則的，除了你家，還有哪裡會比家更需要？你有多久沒讚美過你太太了？仔細想想看，那麼就從讚美你太太開始吧！

幾年前，我曾到加拿大森林區釣魚旅行，由於獨自一人在荒野地裡住，而所能讀的也只有鎮上的日報。因爲無聊，我讀完了報上的每一個字，其中有一篇專欄文章，內容非常有趣，我把它剪下來，保存著。那篇文章是針對已婚男子的一份忠言，內容如下：

「如果你不懂得討好太太，千萬別打算結婚，婚前讚美女子是一種必然的傾向，但是婚後的讚美，可就是一種難得的美德。而讚美正是婚姻的潤滑劑，沒有它，愛情會走向終站。」

「假如你想擁有一個快樂美滿的家庭，可千萬別對太太東挑西剔，拿你的媽媽跟她比較，處處數落她的不是。相反地，你應該隨時地讚美她的治家術，說她眞是你的賢內助。如果她的菜做得不好，告訴她又進一步了，下一回一定更可口；下次，她必定會全力以赴爲你準備更可口美味的菜。」

當然，太唐突的作法，她會心存懷疑的。今晚回家時，何不送她一束鮮花或是一盒巧克力。別忘了給她甜蜜的笑容，還有幾句體貼的話，你的太太會像飛上天般地心情愉悅。如果每對夫婦都能做到這一點，也不會有那麼多鬧仳離的夫妻了。

男士們，如何博得一個女人的愛？知道嗎？

桃樂蒂小姐的專訪，正可一語道破其中因由：

有一次，桃樂蒂小姐到監獄訪問一位受刑犯，詢問爲何會有那麼多女士深愛他，並爲他奉獻所有的一切？他有何魅力，能騙得女士們自動獻身獻財。他說：「哪有什麼秘方？只是跟她聊天，一直談有關於她自己就行了。」

同樣的，對付男人也是如此。甚至所有人類都該如此應付。英國有名的最強悍的首相狄斯瑞就說了：「只要談關於他自己的事，他可以耐心地聽幾小時而不厭倦。」

閱讀到這章節，放下你的書本，開始想想，如何運用這個祕訣，來討你身邊人的歡喜。你不妨試試看？

以了解、寬恕代替批評、責罵

『放棄所有的批評，多去了解別人，也唯有完全的了解，才能完全的寬恕。』

一九三一年五月七日，紐約市最駭人的雙槍大盜——葛羅里，被困在位於西米大道上、他情婦的公寓裡。那時，百餘名武裝警員，將公寓四周層層包圍，一小時後，在催淚瓦斯與高架機槍的僵持下，雙方展開前所未有的激烈槍戰。

葛羅里落網後，紐約市警局局長馬洛尼發表聲明說，葛羅里是紐約市有史以來最凶暴，殺人如兒戲的危險罪犯。

但是葛羅里對自己又是如何的看法呢？當槍戰正激烈進行時，他竟還提筆寫了封沾滿血跡的信，他在信中自白說：「我的心雖然已經疲憊困頓，卻依然仁慈善良，從不想蓄意傷害任何人。」

在這事發生以前，長島郊區的一條公路上，由於葛羅里公然地在馬路上與情婦調情，一位警察因此上前要求他出示駕照。

葛羅里一言不發，拔出身上的手槍，連續數槍將警察打死，隨後，葛羅里又自車中跳出，抽出警察的腰間配槍，向倒臥在地的屍體狠狠地又補上一槍。這就是自以爲：「我的心雖然已經疲憊困頓，卻依然仁慈善良，從不想蓄意傷害任何人。」的凶殘殺手。

葛羅里終於被判刑坐電椅。我們都以爲受刑時，他一定會向上帝懺悔，他會說：「主啊！我是罪有應得。」錯了！我們都錯了，事實上他說的是：「主啊！這是不公正的，我只是盡力保衛自己罷了！我不該領受這等待遇！」

明白了嗎？這萬惡不赦的殺人犯，對自己竟然一絲責備也沒有。

難道這只是一種特殊的反常犯罪態度？

曾經橫行美國，無惡不作的凶惡匪首克潘，他自白說：

「我這一生中，無時無刻不在救助他人，帶給他人快樂、幸福，而我所得到的報酬只是不斷地被追捕與被侮辱。」

這是克潘，他也不承認自己有罪，甚至認爲自己是受到曲解、不被讚許的大善人。

再看看當年紐約最負惡名的大盜——蘇爾茲，未死前，他對記者談話也一直表示，他是一位有功於社會的慈善家。

爲了能瞭解這一特殊的觀念問題，我特地向猩猩監獄的羅士獄長請教，他說：「大部分的罪犯都不認爲他們是壞人。他們跟你我一樣，都是極其普通的人。他們也會找一些謬妄的說詞，爲他們犯罪的行爲開脫、解釋，他們也認爲自己不該被監禁。」

就連這些萬惡不赦的凶惡罪犯，都還一心一意爲自己的過錯掩飾，那麼圍繞於你我周圍的平凡人又是怎麼想的呢？

已故學者華納梅克曾說：「早在三十年前，我已經體會到嚴峻地責備他人，眞是一件愚蠢至極的事。就算是不埋怨上帝對人類智慧分配不均，光是要獨自克服我自身的種種缺點，也已經夠我忙的了。」

就在華納梅克參透這層道理的三十年後，我才茅塞頓開，恍然大悟，原來無論任何人，從不會爲自己的犯錯眞心反省、自責。

批評是無效的、危險的，因為批評使得被批評的人想盡法子掩飾錯誤；因為批評會刺傷自尊心，激起頑劣的反抗。

德國軍隊裡有一條特殊的軍紀：「不滿的情緒絕對不准馬上發作，一切都要在心平氣和之後，再提出討論。」我想，如果在日常的生活中也有這麼一條規定，那些不明事理的父母、嘮叨的妻子，以及百般挑剔的雇主和吹毛求疵的人，全部都會安靜下來的。

翻開歷史，批評無益的證據隨手皆是。最明顯的莫過於當年羅斯福總統和塔伕特總統的爭執，結果引起共和黨內部分裂，促使威爾遜當選總統，因而使美國參加大戰，讓歷史成了另一副樣子。那件事大略如此：一九〇八年羅斯福退出白宮，改由塔伕特入主白宮，羅斯福便到非洲獵獅。回國之後，羅斯福發現塔伕特總統的政風保守，於是痛斥一番，並另組一政黨，同時爭取總統提名，結果共和黨內部元氣大傷，只得到兩個州的支持，寫下了共和黨空前挫敗的紀錄。

當羅斯福批評塔伕特時，塔伕特並不承認自己有錯，他申辯表示：「我不明白已經做的和應該做的，有何不同。」

究竟該怪誰？老實說，不知道。不過這事證明了羅斯福的批評，不但沒讓塔伕特眞誠認錯，反使塔伕特竭力地抗辯：「我不明白已經做的和應該做的，有何不同。」

再談一件喧騰一時，幾乎鬧翻了整個國家的油田舞弊案。

於哈定總統任內，內閣之一的內政部長福爾，收受了十萬美元的好處後，不經公開投標，便私自把政府的油田租給了他的朋友杜尼。這件事被石油商人聯合舉發，引起了社會大眾的激烈聲討，結果哈定被迫下台，福爾也被關進獄中，幾乎摧毀了共和黨。

福爾受到了應得的懲罰，也被社會大眾認定是政界的敗類，但福爾認錯嗎？經過多年後，胡佛總統在一次公開場合中，暗示了哈定之死，是因爲被自己的親信出賣。福爾夫人聽到別人傳來這話時，激憤地大嚷：「什麼！哈定被福爾出賣！眞是不可思議！我的丈夫絕不、也從不辜負任何人。就算是金銀財寶堆放在他面前，他也絕不會變節。他才眞是被出賣、被誣陷的犧牲者。」

明白了嗎？這就是人性。犯錯的人永遠只會責備別人而不會自我反省、承認錯誤。你我不也如此。所以，當要批評別人時，請記住克潘、葛羅里，還有福爾。要明白的是，批評別人也會遭到惡言的反撲。

林肯總統被推崇爲一位最完美的領導者。他究竟有什麼祕訣？我對林肯的一生研究了十年，並且也以三年的時間寫了一本《林肯傳記》。除了研究林肯的人格以及他的生活原則，更特別研究了他對於人際關係的處理準則。林肯在年輕的時候，特別愛好批評他人，尤其經常撰文嘲弄他人。直到有一次因爲做得太過分，才引發他大徹大悟——批評是無效而且危險的。

一八四二年秋天，林肯於報上撰文嘲笑一位好功、好虛名的愛爾蘭籍政客，全城的人都傳爲笑料，這位政客不甘受辱，除了查出撰文者爲林肯，並下了一決生死的比劍邀約。林肯自覺事態嚴重，但又騎虎難下，只得答應在密西西比河岸比劍，一決高下。最後在雙方親友的協調下，才免去了一場惡鬥。

經過這一次教訓，林肯參透了爲人處事的方法，從此再也不批評、嘲笑他人，一生永不逾此原則。

林肯有一句最信愛的座右銘——「不批評他人免得爲他人所批評。」

南北戰爭時，由於北軍節節失利，林肯雖一而再地撤換將領，仍無法挽回當時的頹勢，那時，舉國上下莫不苛責這些將領的庸蠢，只有林肯堅持「不埋怨任何人，對任何人要信慈寬厚」，因而緘默不語。

一八六三年七月一日始，南北戰事激烈進行，七月四日，南軍李將軍終於敗退，林肯遂下達命令，命米德將軍趁勝追擊，瓦解南軍，終止內戰。

但是，米德將軍並沒有趁勝追擊，他所做的與林肯所要求的正好相反，使南軍安然逃去。

林肯爲此大怒，寫了封責備米德將軍的信函：

「親愛的米德將軍：

我相信李將軍逃走後，對整個戰事將有多嚴重的影響，你並未了解，也不知道。

本來我們可以結束內戰，而今，又將無限期地延續，我眞感到沮喪，對你又有什麼可以重託的？」

所幸，米德並沒有看到這一封信，因爲林肯根本沒有寄出它。林肯死後，這封信才被發現，才揭露了這一段軼事。

我想，我只是在猜想，林肯寫完信後，怒氣也消了，他一定平心靜氣地想著：「我怎麼如此武斷？我安然地在白宮裡，下個命令本就是輕而易舉，若換做是我自己也身在戰場，親眼所見皆是血流滿地，屍體遍野，親耳所聞又是傷兵們的呻吟哀號，我也不忍心再舉兵前進，我也會做出和米德將軍一樣的決策。事情已經發生了，我若再惡言指責，萬一米德將軍心生不滿，憤而去職，豈不更影響戰事。」

於是，林肯決定把信擱在一邊，他深知，苛責只會換來惡言的對立，於事無濟。

你是否常有糾正、幫助朋友的衝動？太好了，我們都該鼓勵贊成這種舉動！只是，爲何不從我們自己開始呢？以自私的觀點看，指正自己要比指正別人來得利多害少。

詩人伯朗寧曾說：「一個不平凡的人，就是懂得如何先戰勝自己。」

要想幫助他人更臻完美，還是先要求自己成爲一個完美者吧！

中國人有句諺語：「不能正己焉能正人。」又說：「各人自掃門前雪，莫管他人瓦上霜。」中國人的生活哲學，在此表露無遺。

千萬記得，人類本身並不是一種理性的動物，而是一種充滿感情、偏見和虛榮的動物。

與人相處時要記得，批評是一危險的火花，可以隨時點爆人們心中的自尊和虛榮，隨時置人於死地。例如武德將軍因不被允許赴法國參戰，自尊心因而大受打擊，抑鬱而終。又如嚴峻的批評使得英國小說家哈代終生不再寫小說；詩人蔡頓更因被批評憤而自殺。

蠢蛋也會批評、責備和埋怨，而實際上我們就是蠢蛋。

卡萊爾說：「偉人之所以偉大，完全在於他們能對人們了解與寬恕。」

所以，**讓我們放棄所有的批評，多去了解別人，也唯有完全的了解，才能完全的寬恕**。

就像強森博士說：「我主上帝不到世界末日不欲審判世人。」

平凡如你我又何必急於此時？

人際關係的祕訣

『讚美的話語，會永遠被珍藏在心裡。』

你可曾想過用什麼方法可以使喚任何人做任何事？只有一個方法，唯一的方法，就是讓別人心甘情願去做。

當然，你可以用手槍頂著他人的腦袋，他一定會願意將手上的金錶立即奉送；你可以要部屬屈意奉承，否則就將他開除；你更可以威嚇小孩子依你的意思行動。但是這些做法都將引起內心強烈的不良反應。

要使你做任何事的方法，就是給你所需要的。你想要什麼呢？

二十世紀最享盛名的心理醫生佛洛伊德說：「人類行爲的動機只有兩個：一是性的衝動，一是名位的欲望。」

美國最偉大的杜威博士，說法則稍有差異，他認爲人類最原始的欲望是「變得比人重要」，各位請牢記這句話，這是很重要的。

你要什麼？或許不多，但有些基本需求是你我無法否認的，任何人都想要：

1、健康、長生不老。

2、食物。

3、睡眠。

4、金錢與金錢可換得的東西。

5、未來的生活。

6、性生活的滿足。

7、子女的富足安定。

8、被重視。

所有這些欲望，不難得到滿足。但是仍有超乎於七情六慾之外，很難得到的滿足，那就是杜威博士所說的「變得比人重要。」

林肯曾說：「每個人都喜歡受到奉承。」甚至威廉．詹姆斯也說：「人類最強烈的欲望，莫過於受到他人的認可與讚美。」

事實上，人類與其他動物的區別，正是如此。記得我的童年，那時父親養育不少的種豬和白牛，還經常參加牲畜大賽。我們得過好多獎，父親總是把每次得獎的絲帶獎狀一一懸掛起來，每每遇到親朋好友到訪，父親就不厭其煩地向他們展示，得意非凡。

那些豬牛一點也不在意那些獎狀，我的父親卻極爲關心，因爲那些絲帶獎狀正滿足了父親被重視的欲望。

所幸，我們的祖先一直擁有這樣的欲望，否則，我們跟動物又有何區別，人類的文明史豈不也整個改觀。

也由於這種被重視的渴望與價值的衝動，使狄更斯寫成了永垂不朽的小說，也使林肯成爲一位十全的領導者。

也或許同樣的衝動，使得你急於趕上潮流，穿新潮的衣服，開最新款式的跑車，吹噓兒女的卓越成就。甚而引誘一些青少年鋌而走險，當起盜匪。

紐約市警局局長馬諾尼說：「今天的青少年犯被捕後，第一個要求就是希望各家報紙能把他們寫成英雄好漢。只要能登上報紙，看看被登於報上的照片也與羅斯福或愛因斯坦占同樣的篇幅，也就管不了什麼電椅，什麼重刑了。」

只要了解你是如何滿足這種欲望，也就可以猜測出你的爲人個性。因爲如何達到目的，使出的手段方法，正是你人格反應的重要因素。例如石油大王洛克斐勒達到這種欲望的方法是，捐出巨額金錢在中國大陸建造醫院，幫上千萬他素不相識的中國人治病。狄林格則幹起盜匪，搶幾家銀行，才覺得自己夠分量非比等閒。

歷史上也多的是追逐這種滿足的大人物，華盛頓喜歡人家稱他「總統殿下」，凱薩琳女皇拒絕拆閱封套上沒有寫上「女王殿下」的信件，林肯夫人甚至也對格蘭將軍怒斥：「我還沒坐下，你竟然先在我面前坐下。」

又如百萬富豪不惜巨資遠赴南極探險，爲的是將來他的名字能取代任何他所發現的事物。法國著名小說家雨果最大的願望是，他的名字能代替巴黎。英國大文學家莎士比亞，也想盡法子弄了一套武士盔甲給家門增光顯耀。

還有一些人藉著柔弱、無助，以博取他人的同情，換取被重視的感覺。也有一些人寧可臥病一生，好獲得被他人重視的滿足。也有人藉著發瘋，而從奇幻的世界中求取這種對滿足的渴求。

人們是多麼渴望受到他人的重視，甚至裝瘋賣傻也在所不惜。想想看，如果我們能多給一分讚美以及尊重，對這世界的生活狀況將有多大的影響！

以目前來說，可能只有克瑞斯勒和史考布有一百萬美元一年的薪水。

就史考布而言，鋼鐵大王卡內基先生每年付一百萬美元給他，是因爲史考布懂得如何待人。史考布也相信他會有今天這種成就，實在是因爲他的人際關係祕訣。

他說：

「我最大的一項資源，就是引發屬下的熱誠與衝勁的能力，要想使一個人能盡其所能，就是不斷地給他讚美和鼓勵。」

「天下最易毀掉一個人鬥志的，無非是上司的批評。我從不批評任何人，我確信讚美和鼓勵，才能刺激他們的工作能力。我絕不吝惜我對他人的讚美。」

史考布又說：「我這一生的交往中，看到了許許多多的大人物，沒有任何一個大人物不是在讚美聲中努力完成他的大事業的。」

史考布的話，如雷貫耳，大家應該把它們視為金科玉律，銘記在心。當然，史考布的老闆卡內基先生成功的因素之一，也正是卡內基先生懂得如何誇耀他的屬員。

卡內基甚至還在墓碑上稱讚自己的屬員。他為自己作的碑文是——「躺在這個地方的，是一位懂得任用人才，不吝求教的人。」

眞誠地讚賞也正是石油大王洛克斐勒成功的祕訣。有一次，他的合作夥伴因在南美投資失當，使得公司損失近百萬美元。洛克斐勒深知他的夥伴也已盡了全力，於是讚美他還努力保住了公司百分之六十的資金，並且安慰他：「誰敢保證百密無一疏，沒有任何事永遠都不會出錯的。」

百老匯最有眼光的歌舞劇作家——齊格飛，向來以發掘新人，培育新星著稱。

他能使姿色平平，不很出色的女孩子們，搖身一變，成爲舞台上迷人的紅星，他的訣竅也是讚美，不吝惜地讚美。除了使女孩子們相信自己是美麗的、受歡迎的，他更調升女孩們的薪金，並以卡片或花束鼓舞她們。

我們總以爲我們已經供養了父母，培育了兒女，關心友人，給員工加薪，給大家所需要的，實際上，我們都忘了滋養他們的「自尊心」。自尊心也需要細心地灌溉、讚美和鼓勵。

讀到這裡，或許你會脫口而出：「廢話一大篇！根本是騙人的！我早已試過了，一點用也沒有。」

當然，讚美若不是發自內心，就變成諂媚、做作，對某些人來說，眞是一點也沒用。但是有些人由於對讚賞太過渴望，就很容易沉於此類的諂媚之中。

例如帝凡尼兄弟在上流社會中深受女人們的青睞，那是因爲他們比任何人都會恭維女人。尤其在今天這個現實、刻板的時代裡，任何的諂媚阿諛都可以帶給人們不可思議的力量。

歐布瑞岡將軍的警世名言：「不用畏懼敵人的攻擊。提防阿諛你的朋友。」

讚美是發自內心的眞誠，也是人人所讚許的，不是自私的。阿諛卻是相反的，人人都會痛斥。所以曲意的奉承，假言的諂媚，久了以後終將畢露原形，對你是有害無一益的。

千萬不要以爲我在教各位如何恭維、諂媚，我只是教大家另一種新的生活方式。

記得，真正發自內心的才是最有價値的讚美，阿諛可就是最沒有價値的讚美。

艾默生曾說：「我虛心學習別人的長處。」

艾默生尚且如此，平凡的你我豈不更該千倍於此？讓我們想想別人的優點，我們才有眞心的讚美。

所以，給予他人最眞誠、最由衷的讚美，他將一輩子珍藏不敢忘。

了解他人的需要並給他最渴望的

『只要能激起他人強烈的欲望，自可左右逢源，支配世界。』

知道如何釣魚嗎？要想釣得到魚，就要想到魚喜歡吃些什麼。雖然你喜歡吃乳酪，我喜歡吃梅子，魚兒卻喜歡吃蚯蚓或小蟲，我們當然就不能拿梅子或乳酪當餌，而是在魚鉤上掛蚯蚓或小蟲，魚才會上鉤。

「釣魚」，也可說是一門生活上的應用哲學，何不應用在「人」的世界呢？

英國首相洛德．喬治就做到了。歐戰後，許多大人物全都失勢，他卻如日中天，高居權位，只因爲他懂得在魚鉤上裝進讓魚兒喜歡的釣餌。

所以，**別再計較我們自己所需要的，要想真正影響別人，就去弄清楚他需要什麼，幫助他獲得**。

舉個例，若想勸誡你的孩子戒菸，千萬別說教或強迫他，試著讓他明白如果他繼續抽菸，將會失去棒球賽的選拔資格，並失掉百米競跑的名次。

艾默生父子有一次趕小牛入欄，一個在前頭拉，一個在後頭推，小牛硬是不往前走動。結果一名女僕向前，以手指代替奶嘴，讓小牛吸吮，輕而易舉地將牠牽入牛欄。她的頭腦不比艾默生好，但她懂得滿足他人的需要，藉此達到影響對方的目的。

人類從出生那時起，任何行動都是爲了需要的滿足，以國際紅十字會的捐款來說，你捐錢或許是因爲你樂善好施，也或許是礙於情面，不便拒絕，或是客戶說情，故作大方而捐的。但有一點可以確定的是，你捐款一定有你的目的。

在《人類行爲模式》這本著作中，哈瑞．歐佛斯提出：「人類行爲出發的動機，在於某種最根本的欲望。無論商場、家中、學校或政治上，只要能激發他人強烈的欲望，必能左右逢源，支配世界，否則將會孤獨無助。」

以鋼鐵大王卡內基而言，從一個每小時只有二分工錢的窮小子，到後來竟能「隨處捐上巨額金錢」，那是因爲他知道如何激發他人並滿足他人。

例如，卡內基的嫂嫂爲著兩個上大學、久久也不肯寫封信回家的兒子焦慮不已。卡內基向他嫂嫂保證，他會寫信給兩個姪兒，並讓他們主動回信。原來他在言談之外，又附了一句話「隨信附上五元美鈔一張，請收下。」

想要叫某人去做某事？最好我們能先自問：「該如何讓他心甘情願去做呢？」否則，莽莽撞撞地，完全以自己的需要來要求別人，是會惹得對方有怨言與責備的。

每一季我都會向一家旅館租用大舞廳二十天，作爲發表演說地點。有一次，我把通告發出，入場券也印好分發出去了，才接到通知說旅館的主人要將租金提高三倍。

我不願意多付這一大筆錢，但這只是我一廂情願的想法罷了。幾天之後，我親自去見旅館的經理。

我說：「你們的漲價通知來得太突然，但是我也不能怪你，假若我是你，我也會發出這張通告。身爲旅館的經理，當然有責任爲旅館爭取更多的利潤，否則上面一定會怪罪。現在我來分析一下這個決定的得失，你也有個參考。」

於是我在紙上寫上利和弊兩部分。

利的部分，只有「大舞廳收回」幾個字，我解釋說：「大舞廳收回，轉租給跳舞、集會的人，租金一定比我一連包租二十天，來得更加划算。」

弊的方面：「繼續租給我，對你們來說，一定損失一筆大租金。但是會來聽演講的人，都是受過教育、知識水準較高的人，對你們而言是個現成的活廣告。就算你花五千美元在報上登廣告，收受的效果，也不見得會比我辦一次演講好。」

隨後將便條紙上的分析交給經理，「你仔細衡量，等決定後，請通知我。」

隔日，我就收到通知信函，租金只漲百分之五十。

你們發現了沒有？我從沒提到減租二字，我只是一直提醒他所需要的，而且教他如何得到它。

假如我那時候氣沖沖地闖進經理室大吼大叫：「這是什麼意思？我把海報、入場券都分發出去了，現在漲三倍價錢，哪來的道理！我不付！」

其結果必定是一場激烈的爭辯，就算是我有理，他也會惱羞成怒、不甘心讓步。

讓我們記住汽車大王福特先生的一句至理名言：

「假如世界上有成功的祕訣，那一定是站在別人的觀點立場，來觀察整件事情的能力。」

以推銷員的例子來說，我在車站碰巧遇到了一位做房地產買賣的人，由於他對我那一帶住宅區的房屋很熟，我就問他我的房子是用鋼筋水泥，還是用空心磚砌成的？結果他並不知道，但他卻告訴我一件連我也知道的事，那就是去問社區建委會。就他的工作而言，他應該站在我的立場，提供給我便利的服務，然而他不但要我自己問，還想讓我買他的房屋保險，試問在這種情況下，我會接受嗎？

數年前，我到一家著名的耳鼻喉科看病，醫生看也沒看一下我的扁桃腺，就直問我的職業是什麼。他並不關心我的喉嚨出了什麼毛病，只在意我該付他多少診療費，像這樣的醫生很沒有醫德，我連病都沒看，就馬上離去。

其實，在這世界上，貪利、自私的人並不在少數，所以眞正能設身處地爲他人著想的人，競爭的人相對也會減少，成功的機會就非常大。

讀完這本書，你如果也開始學習去站在別人的立場，爲別人設想，那也值回書價，且教你一生受用不盡。

讓我再告訴你一件，我的學員和他小兒子的故事。

他的孩子有一輛三輪腳踏車，每天都高興地在門前的走道騎來騎去，可是他有一個大問題，一個鄰居的大孩子老把他的孩子推倒在地。

結果小孩哭著回家，也要媽媽把那個壞蛋從車上推下去、搶回車子，這事幾乎天天發生。

他的小孩子要的是什麼呢？要自尊心，要被重視的感覺，要能打倒那個大孩子，要復仇。於是他告訴小孩子，多吃飯長得又高又壯，就可以一拳把大孩子打倒。從此之後，小孩子每天都吃得很飽，爲的是想快快長大，好一拳擊倒那個大孩子。

還有一個問題是，這個小孩子有夜間尿床的毛病，他與他的祖母同睡，早晨醒來，祖母摸著床單說：「強尼，你又尿床了。」他卻說：「是你，不是我。」

他這一次要的是什麼呢？一要自己有張床，二要有像父親一樣的睡衣，於是他用尿床來暗示他們。

第二天，媽媽帶他到百貨公司，她示意女店員說：「這位小紳士自己要買些東西。」女店員很愼重地向他說：「先生，我能爲你服務嗎？」他提起腳跟，有模有樣地說：「我要一張自己的床。」當他看到一張媽媽也喜歡的床時，他的媽媽示意女店員，他也接受女店員的說服，買了那張床。

隔天店家把床送到，他的爸爸回到家時，他興奮地大喊：「爸爸，快來看，我給自己買了一張床！」

他的爸爸看著床，著實地誇讚一番才問道：「你不會把它弄濕了吧？」

「不，不會的，我不會尿床的。」基於自尊心的關係，他怎麼可以尿床！何況他現在穿自己的睡衣，睡自己買來的床，他得讓自己像個大人。

也有個叫達奇曼的學員，他那三歲的女兒不肯吃早餐，怎麼說罵都枉然，只是把小女孩弄得哭啼不停，他只好想：「要怎樣才能讓她願意吃呢？」

小女孩最喜歡模仿她的媽媽，好比自己是個小大人。有天早上，他們乾脆給她一張椅子，讓她自己做自己的早餐。當爸爸走進廚房時，她立刻說：「爸爸你看，我自己做的。」那天早上，她獨自吃了兩份早餐，因爲她覺得自己受到重視，同時她也滿足了自我表現的欲望。

威廉・溫特曾說：「自我表現，是人類天性中最強烈的必需品。」

我們何不把同樣的心理應用在商業上呢？當我們有好意見時，何不設法讓他人主動提出那個意見，如此一來，他才會以自己的觀念，進而積極去實踐，任何事就都好辦了。

PART 2

如何影響他人

任何人，包括傻子，
都會想盡辦法掩飾自己的錯誤，
但是只有勇於認錯的人，
才能高人一等，並且得到重視。

放棄任何爭辯才是處事的上上策

『面對爭辯，就要像面對響尾蛇或地震一樣地避之唯恐不及。』

歐戰後，我在倫敦學到一個非常寶貴的啓示。那時我正是飛行家史密斯公爵的經理，他以三十天的時間，繞行地球半週，舉世震驚。澳洲政府因而頒給他五萬元獎金，英皇也授予他武士爵位，一時為世人稱道。

有一次，我參加了史密斯公爵的歡迎晚宴，席間，坐在我右邊的一位來賓引用莎士比亞的話，講了一段很有趣的故事。

只是，那人把莎士比亞說成是聖經上說的，當時，基於一股優越於他人的自重感，我馬上很不客氣地糾正他。

那人憤憤地說，是聖經上說的！莎士比亞！我的天，他不會說出那句話的。那句話絕對節錄自聖經！

說故事的老先生勃然大怒。坐在我左邊的老友賈克先生，他對莎翁的著作最有研究。所以我立刻請教賈克，由他判定是非。賈克笑著暗地用腳踢我一下，他說：「戴爾，你搞錯了。那句話出自聖經，這位老先生說對了。」

宴會結束後，我說：「賈克，那句話是出自莎士比亞，你也一起糊塗了？」

「當然是莎士比亞說的。」他馬上回答說：「它出自哈姆雷特第五幕、第二場上的句子。你知道嗎？我們正在參加一個盛大的宴會，那時候何必去求證一個人的錯？他會討厭你的，何不保全他的面子，他也沒問你的意見，你何必跟他爭辯？永遠要避開正面的衝突。」

「永遠要避開正面的衝突。」賈克早已作古，但是我永遠記取他給我的教訓。我是真的需要教訓的。小時候跟哥哥爭，念了大學後，特地選修邏輯學、辯論術，我真是個無可救藥的好爭好辯的人。後來，我又在紐約招收學生，講授辯學，然到頭來我所得的心得是：

無論是何種爭辯，請避它如毒蛇猛獸，那才是處世的上上之策。

記住啊！無論何種辯論，到後來都是沒有結果，徒增對方反對的信心而已。你永遠無法從辯論中得到真正的勝利，不論輸贏，你都會失掉某些東西！

如果你辯勝了對方，證明對方是亂說，一無是處，你確實可以洋洋得意，逞一時之快。只不過，別忘了，你使他處於劣勢，你傷了他的自尊，他仍然對你心懷敵意。

有家人壽公司爲職員訂一條規則，那就是：「不要爭辯。」

數年前，有位好爭辯的推銷員來我班上聽課。他的性情急躁，每當客戶對他賣的汽車提出疑問時，他總是全力爭辯，結果是，每次爭辯、每次駁倒對方，一輛車子也沒賣掉。

我並沒教導他如何去訓練口才，而是要他注意收斂好辯的個性，避開所有的口舌之爭。

如今他成了紐約懷特汽車公司非常成功的推銷員，他是怎麼成功的呢？

他說：「後來，每當我進入客戶的辦公室，聽到對方說：『什麼？懷特牌汽車？不行啦！那牌子很差，送我都嫌佔位子，我寧願買胡斯的車子。』我就對他說：『先生，你說對了，胡斯的車子是好，買他們的車絕對是對的。胡斯汽車是名牌，他們的銷售也是一流的。』」

「那位客戶無從爭辯，因爲他的論點已受到肯定，他也就沒別的可再談。於是，我把話題轉開，開始告訴他關於懷特卡車的一些優點。」

「要是以前，我非跟他爭個長短不行，我一定告訴對方胡斯車子不好，那裡不好、那裡差透了。但到後來，一定是越扯越不清，他仍會堅持胡斯的車子比我們懷特車子強多了。」

「那時候，我絕對是一輛車也賣不出去。雖然花了長時間在客戶身上，卻只是浪費時間在爭辯，結果什麼也沒得到。相反地，我現在已不會花時間跟客戶爭辯，我的銷售業績卻一直往上爬，眞是收益良多。」

富蘭克林說過：「爭辯、反駁，偶或能讓你得到一些勝利的快感，但那種快感永遠空洞不實際，你仍沒得到對方的好感，永遠也沒得到。」

波士頓某雜誌曾登過一首發人深省的詩句，內容是這樣寫的：

威廉的身體永遠躺在這地方。

他這一生從沒做錯任何事，

窮其一生，永遠正確。

此時他將長眠於此，

然而，對或錯對他而言已毫無差別。

不論你所持的觀點是對或錯，在對手的眼裡，永遠是不具任何意義的。

在政壇翻躍多年，前總統威爾遜任內的財政部長麥克多，他的經驗是：「要想用爭辯改變一個無知的人，也是若比上天之難呀！」

舉例說，所得稅顧問巴森先生和政府一位稅務人員發生了爭執。巴森認爲被客戶倒帳的九千元不該課稅，國稅人員卻不以爲然。

「什麼?倒帳!那也是生意，一樣要課稅。」

巴森在班上回憶說：「那位國稅人員，官架十足，得理不饒人。」

「越是和他爭，他更加執拗、難纏。於是我避開正面衝突，改換題目，開始稱讚他。」

「我對他說：『這件事對你來講一定只是你許多大問題中的一個微不足道的問題，我雖然對稅務也有研究，但只限於書面理論，根本比不上你的實務經驗，眞希望我哪天也有這份福氣，做和你一樣的工作，好讓我可以從中再學得有用的知識。』那時候，我確實也眞心誠意。」

「那位先生態度一變，從椅子上站起來伸個懶腰，慢慢地向我述說他工作的情形，以及如何查詢舞弊的稅案。他緩緩地也聊起他的兒女。臨走前，他說關於那筆呆帳的所得稅，待他回去考慮後，再作定案。」

「三天後，他又來找我，他說那筆呆帳款決定不課稅了。」

這位稅務員表現出來的，正是平常人都有的弱點，他渴望得到尊重，渴望得到那份權力慾的滿足。當巴森據理力爭時，他必定以斥責來獲得那份權力慾，待他的重要性被認定後，他又以仁慈、寬厚的同情心，來表現其自我的意識。

拿破崙的管家康斯坦，時常陪拿破崙的情婦約瑟芬一塊兒打球。康斯坦在他所著的《拿破崙私生活軼聞》中，寫道：「雖然我的球技可以勝過她，但是我總是故意讓她贏球，結果引她極爲高興。」

何不讓我們來學學康斯坦的處世之道，讓我們的客戶以及我們所親愛的人，在任何的爭辯中駁倒我們，讓他們得到優越感的滿足。

佛家有句話：「化解仇恨的唯一力量，是愛。」

記住，誤會的化解，不會是爭辯做得到的；而是需要真心的諒解，設身處地地為對方著想。

如何避免樹敵

『不要爭論不休、更別當面道出錯誤，你就永遠沒有敵人。』

羅斯福入主白宮時曾表示，在他所作所爲中，若能達到百分之七十五是對的，他就心滿意足了。

偉大如他都謙沖若懷，那平凡的你我又該當如何呢？

只要你能擔保在日常生活的待人處事中，有百分之五十是對的，你大可以住進華爾街，當一個日進斗金的銀行家。如果你連百分之五十都無法達到，你有什麼資格數落別人的錯呢？

你可以用動作、眼神、表情輕易表現你對他人所爲的不同意，然而你以爲他會信你嗎？絕不會！如此一表反對，對他來講無疑是對他的知識與自尊的輕視，他將會計劃反攻，哪怕是至聖先師的金科玉律，他也會將一切正確的道理，推置門外。

倘若要告訴他人任何事，千萬別一開口就說：「我跟你保證……」這種語氣，似乎在說明自己所見所聞高明得多。這會引起挑戰，不等你說完，別人已在等候反攻了。

所以，眞要證實某事，千萬別讓他事前發覺，而要巧妙、敏捷地進行，使別人沒發現你在證明一件事理。**人類永遠不喜歡被教導，更不喜歡當面的教導；對方不知道的事，就提醒說是他忘記了。**

嘉斯特費公爵在他的家書中，訓誨兒子說：「讓自己比別人更聰明，但絕對不可讓對方發覺。」

二十年前我深信不疑的事情，除了九九乘法之外，現在大部分都已經被推翻了；可是最近我看了愛因斯坦的相對論，對它也開始起疑了。或許過數十年後，我也會對我在書中所寫的產生疑惑。總之，我不再對一切深信不疑。

蘇格拉底曾對他的學生說：「我只知道一件事，那就是我什麼事也不知道。」

何況，我的智慧也不可能高過蘇格拉底，我更不敢去數落別人的不是。其實這麼做以後，我也得到意想不到的收穫。

假如有人提出一句你不以爲然的話，就算你確知他眞的錯了，最好別一語道破，而可以改用另一種口氣，說：「眞是糟糕，我的看法和你有差異。我也是經常犯錯的，如果我眞的錯了，我樂於接受指正，來吧！我們一起來探討看看！」

試試看，委婉的說法將爲你帶來意想不到的反應。

因爲天底下，絕沒有那種因你說：「或許我錯了，我們一起來探討看看。」而對你心生反感的人。

有一次我訪問了一位曾在北極圈生活了十一年的科學家提文遜先生，他正在做一件實驗，我立即問他又想證實些什麼。結果他的回答，使我得到了一個深刻的啓示。

他說：「科學家並不是要證明什麼事，而是盡一切力量尋求所謂的眞理事實而已。」

你若願意承認自己也許會有錯，不論你到何處，永遠也不會引起爭論，甚至別人也會變得跟你一樣勇於認錯。

相反地，若是迫不及待地一語道破對方的錯誤，你想到那種激烈的結果嗎？

紐約有位年輕律師，最近在美國最高法院辯護一件案子。在審判過程中，由於涉及金錢及重要法律問題，法官問他：「根據法規，其期限是六年吧？」

這位大意的律師先是一愣，而後沒頭沒腦地迸出：「法官閣下，法規裡沒有期限限制。」

話才說完，法庭裡引起一陣靜默，場面眞是僵硬。這位律師回憶當時說：「室內的氣氛完全變了，法官是錯的，我對了。我立即指正於法有據，但因此使他對我產生敵意，對於我的辯解，也就失去對他的說服力。我當時犯了一個大錯誤，我竟然對一位身分崇高的大法官當眾道出他的錯誤。」

這世界上了解眞理的人很少，大部分都充滿偏見且又主觀固執，對於他人易於猜忌，而對自己所信仰的、所說的卻不容一絲置否。

打算要指出他人的錯誤，那就先請每天熟記羅賓遜教授的文章：

「我們時常在不知不覺的情況下，改變了自己的意見。但是，如果是經由別人指出我們的差錯，我們會立即懷恨對方，充滿敵意，然後武裝起來，堅持到底。其實，我們也不是眞的在保護自己的想法，而只是因爲自尊心受到了打擊，才起而抗拒。」

「人在生活中，最爲看重的莫過於『我』，最爲重視的也只有『我的』，所有關於『我』或『我的』，絕不容受到一絲侵犯。我們的意念不可反駁，否則，將會盡力找尋藉口來保護自己，進而產生爭辯。」

有天，我請了一位室內設計師爲我配置些新窗簾，完工後，他所開來的帳單眞讓我給嚇住了。

幾天後，一位朋友來訪，他知道價錢後，似乎幸災樂禍地說：「眞惡劣！你看來是被敲了大竹槓。」

眞的嗎?當然是眞的。只是人們多不喜歡聽到這一類的話。我也是平常人,於是我立即強調窗簾的質料以及藝術價值,除非是這個價格否則是買不到的,也只有這種格調才能配我高尙的房間。

次日,另一位朋友來訪,他看到窗簾時,立刻大大讚嘆,並一再強調以後他家也得裝上同樣的窗簾,當時我的反應又不同了。

我說:「不過當初也買貴了!到現在我還在後悔呢!」

當我們有錯時,時常只容對自己認錯,對別人卻是誓死堅持不認錯。但當別人一語拆穿我們的錯誤時,哪怕是天大的錯誤,也會力拚到底。

假如你眞想改善自己的人品,最好是讀一本自傳——富蘭克林的自傳,他眞是一本最引人入勝的偉人故事,更是美國傳記文學的重要著作之一。

在自傳裡,富蘭克林詳細地記述自己如何由好強好辯的惡習改正,成了美國有史以來最了不起的外交官。

年輕時的富蘭克林,意氣頑強。有天,他的一位教會朋友把他叫到一旁,教訓了他一頓。

「班!你眞是不可理喻!每次意見與人相左時,你的措辭總是既強硬又狠毒,這種話沒有人聽得進去的。朋友會當你是瘟神，每個人都不願再與你談任何事，甚至不屑與你爲伍。你既然懂得那麼多，他們一告訴你事情，不但費力且不討好。從此以後，你除了一些自己知道的知識外，再也不會曉得更多的事。」

富蘭克林一生中最值得稱讚的事，就是冷靜地接受朋友的勸戒。於是他頓然改掉那些固執驕傲的劣習。

他說：「我對自己訂了一條規律，永遠不許正面指正別人，也絕不可固執己見。我甚至避免用過於強烈的字眼，如『絕對』、『毫無疑問』、『千眞萬確』等，我只用『我猜想』、『據我了解』等語句。當別人發表一件我認爲不對的事時，我先制止自己當面反駁的衝動，而後才再回話說明，這論點有時會是對的，有時又會是錯的。很快地，我有了收穫，我與人談話的情形比以往更融洽。我提出意見時態度謙和，他們也都樂於接受，而且也很容易說服別人認同我的意見。」

「這種作法，起初是很艱難的，但久而久之，已變得十分容易而且成了習慣。回憶這五十年來，我再也沒有任何強硬的措詞論調出現，而且我的演說很不流利，我的意見卻在議會受到普遍的支持，全是因爲態度謙和的緣故。」

以富蘭克林的方法，應用在商場上又會得到什麼樣的結果呢？

以推銷一種與石油工業有關的特用裝備爲業的馬哈尼先生，有一次接到一位老主顧的訂單，而且也依照客戶已確認的圖案設計開始生產，未料事情有了變化。客戶的顧客竟然指出馬哈尼犯下嚴重的錯誤，認爲設計有誤，他說設計出的東西危險性高，並聲稱不接受這批貨。

馬哈尼回憶說：「我很詳細地查驗，確實證明設計並無任何錯誤。而後我又曉得該名主顧的客戶根本不懂這些設計，於是我親自跑了一趟長島。」

「那位客戶一見到我，立刻粗暴地批評那批訂製的器具，把設計藍圖評得一無是處，而後氣憤地對我說：『現在你預備怎麼處理？』」

「我心平氣和地告訴他，他認爲該怎麼辦就怎麼辦，我會依照他的意思進行。我告訴他：『東西是你花錢買的，但是也得有人擔起責任，倘若你認爲是對的，請給我一張設計圖樣，我們寧願損失已經完成的兩千元器具，重新按照你的圖樣設計再生產，但是，將來你得負責任。但若仍依照我們的設計生產，則由我們負全責。』」

「說完後，他也冷靜多了，他告訴我：『太好了，你就繼續依照原樣做吧！但假如錯誤在你們，是誰也幫不上忙了。』」

「結果證明我們還是對了，他又訂了兩批貨。當初這名客戶侮辱我無知時，我眞是費了好大的心神，才強制壓下那股要據理力爭的衝動，但最後的收穫卻不容置疑。假如我一開始就說出他的錯，並且爭論起來，勢必引起一場訴訟，同時也將失掉一名大客戶。」

「我一直深信不疑一個原則，當場頂撞，道出他人的錯誤，是百害而無一利的。」

另外有個例子，那就是木材推銷員柯羅尼的故事。

以往柯羅尼經常與客戶派來的檢驗人員爭得面紅耳赤，他幾乎每次爭辯，每次都獲得勝利。但是，他並沒得到任何好處。

後來他來上課，立即決定改變策略，再也不跟他人爭論。

「一天早晨，我辦公室的電話響了。原來是一名氣急敗壞的客戶，他罵了我一頓，說我們送到的木材完全不合格，他們已經拒絕收貨，要我馬上派人去處理。」

「我立即動身前往，在途中我考慮應該如何應付。根據以往的經驗，要在品質的爭論中駁倒對方絕非難事，但經過一番深思，我決定放棄那種做法。我決定依照在班上學到的原則來應付這個困難。」

「我到了那家工廠，發現對方的品檢人員已經準備跟我談判，同時故意激怒我，準備以高姿態來對付我。我全不予理會，並請他們繼續卸貨，好讓我能看看問題在哪裡。我請品檢人員把合格與不合格的木材分開放。」

「我一看便知道品檢人員太過嚴苛，而且弄錯了規則。我也發覺到他對白松並不了解。我並沒指出他的錯誤，只是慢慢地問他不合格的原因，並告訴他將來再送木材時，爲了符合他們的要求，所以得問清楚些。」

「我的友善對應，使他的態度完全改觀。除了讚美他處理事情的嚴謹，我也小心地提出一些有關白松木的性質進行說明，暗示他可能不很了解，但是並沒讓他覺得有任何被責備的意味。」

「慢慢地，他終於承認對白松木所知有限，並開始請教一些問題，我便解釋給他聽，我們送來的木料都是合於規格的，同時也教他關於白松木的規格。我也強調，若不滿意我們送來的貨，我絕對樂意接受退貨，重新再送一批來。他最後發現錯誤在於他們，結果所有木材照單全收，並且立刻付款。」

這只是運用不當面指責別人錯誤的原則，卻得到了非金錢所能衡量的結果，這也不是我獨創的，早在兩千年前，耶穌就說了：「贊同你對手的意見。」

總而言之，不要跟你的客戶、親人或任何敵人惡言相向，也不要說他錯了，用點手腕，別惹他發火。

就像埃及王阿克提說的：「懂得運用手腕，將帶給你無窮的益處。」凡事切記要運用點手腕，化戾氣為祥和。

勇於認錯

『謙讓，讓你永遠得到的比預期多。』

我在紐約市中心的家，正好位於一處充滿綠意的公園旁。春天到來時，公園裡到處花開，小松鼠在野草間飛躍，雜生的野草，使得公園充滿原始感。我時常帶著我那頭波斯犬瑞克斯，一起到公園裡散步，由於平時公園裡人不多，所以我常不給瑞克斯套上繩索、口罩，任他快活地在草地上奔跑、玩耍。

有一天，我和瑞克斯碰上了一名騎警，他一見到瑞克斯自由地到處跑，立即威風地大叫：「為什麼牠不用口罩呢？難道你不知道這樣做是違法的嗎？」

我小聲地回答：「對呀！我知道，只是牠應該不會傷害任何人。」

「牠不會傷害任何人？牠可能會咬傷小孩和松鼠！這是第一次碰上，下次我再發現牠沒戴口罩而且到處亂跑，那時候你就到法庭說好了。」

待他說完，我除了保證以後絕對遵守他所說的，並且連聲道歉。

幾天之後，我都會給瑞克斯戴上口罩。但是牠實在很不喜歡那東西，我也不太喜歡給牠戴上。因此，我們就憑運氣，但願能一直相安無事。過不了幾天，我們還是給碰上了。那天下午我帶瑞克斯跑到一個小山丘上，一眼望見了先前那位騎警，瑞克斯正好跑在前面，還一直向那位警察跑去。

我知道我很難再辯說什麼了，所以沒等他開口，我忙著對他說：「警官，這一次給你捉住了，是我錯了，你可以罰我，上次你已經警告過，若是再犯就得到法院。」

等我一口氣說完，那位警官一反常態，輕聲地對我說：「是啊，能在空曠草地上自由地奔馳，的確是很過癮的。」

「是很自由快意，不過我還是違法，該罰。」

「說眞的，這麼小的狗，怎麼可能傷到小孩子呢？」警官笑著說。

「是沒錯，但萬一傷到松鼠呢？」我想站在對方的立場看事情，於是又補充了一句。

「你把事情看得太嚴重了，我告訴你一個好辦法。你把牠帶到那一頭，我沒看見，也就沒事了。」他委婉地對我說。

想想那時候，若不是警官因爲我及時認錯，產生被重視的感覺，表現出他自以爲仁慈寬大的一面，結局恐怕眞是比法院見還壞。

各位仔細想想，你是否也曾跟警察爭得口沫橫飛、面紅耳赤？告訴你們，**傻瓜才跟人爭執，碰到那種情形時，請靜靜聽他們的申斥，坦白承認自己的錯誤，結局絕對要比據理力爭好得多**。

華納是位商業設計家，他的工作得符合雇主的要求，使他們樂於接受。他最近使用這種方法，結果得到一位易怒且粗暴的顧客信心。

華納說：「廣告的設計，最要求準確恰當。但往往在客戶要立即取用的緊急情況下，作品免不了有錯誤發生，可是客戶根本不會爲你設想那麼多，反而極力地專挑毛病。」

「最近因爲業務繁多，客戶又催得緊，在忙碌中趕出一件作品，送去給那客戶，作品才到，他就撥電話過來，犀利地東挑西撿找毛病，嚴厲地數落我一頓。等我趕到他的辦公室時，更是毫不留情地批評。我想起在課堂上所學的那套原則——勇於認錯，於是我對他說：『眞的很抱歉，爲你設計這麼多年了，還錯得厲害。我很慚愧，我應該達到你要求的標準才是，可是老出錯無法令你滿意。』說完，他竟然改變了指責的態度，說道：『其實也不是很嚴重的錯，不過不管大小錯，只要有錯誤，總是令人感到不快的。』」

「我又接口道：『我知道，任何大小錯，都會帶來時間與金錢上的損失。眞是我的疏忽，你委託我的工作很多，我應該給你滿意的交代。這張稿件，我決定重新再做。』結果他急忙說：『不用，不用了！我並不願意太麻煩你，你只需在某些小地方修改一下，這張作品就完成了。』而後，他誇獎我設計得很好，並且邀請我一起用餐，離開時，又再委託我另一件工作。」

任何人，包括傻子，都會想盡辦法掩飾自己的錯誤；但是只有勇於認錯的人，才能高人一等，並且得到重視。

南北戰爭史上，最值得稱道的記載，就是南軍李將軍把在蓋茲堡戰役的失敗，完全歸咎於自己錯誤的想法。

翻遍歷史，有幾個人能像李將軍一樣勇於認錯？歷史上是很少人有這種勇氣與品德的。

賀巴特是位名作家，他那種神來之筆，帶給讀者豪情激憤。然而，也因爲他用筆之尖銳，時常遭到不少人的批評，但他卻有一種化敵爲友的能力。

舉例說，每當讀者寫信給他，提出反對意見或批評時，賀巴特一定如此回函：

「經過仔細的推敲後，我發現我的論點也不完全正確；昨天我說對的，今天我也不全然同意了。很感激你的來信指出，你的高見，我很欣賞，下次若有機會，讓我們當面再談，很感謝你的賜教，謝謝！」

反過來說，你若是收到信件的賀巴特，你會有什麼樣的反應呢？

倘若是我們對了，就設法以最委婉的方式，讓別人贊同我們的意見；如果是我們錯了，就趕快坦率地認錯。勇於認錯，你會有更驚人的收穫。

捉住他心裡的一滴蜜

『一滴蜜所捕殺的蒼蠅，要比一加侖毒汁捕殺得更多。』

當你在盛怒的時候，對別人發作一陣，你的氣隨之消失，心中舒暢快樂多了。但是別人呢？他也分享到你氣消的快樂嗎？你那敵意的口氣，眞能使他信服嗎？

威爾遜總統曾說過：「你如果握著拳頭來找我，我也會握緊拳頭。但假如你對我說：『讓我們來討論看看，一定有法子可以解決的。』那麼，我會覺得我們的意見其實也很相近。只要再耐著性子，彼此都很眞誠，意見自然容易溝通。」

石油大王洛克斐勒就眞正懂得使用這個原則。

一九一五年間，洛氏礦場的工人發動殘暴的大罷工，工人破壞工廠的一切，他們一心一意要求增加薪資，否則將繼續強烈地反抗；那時候事情惡化到極點，連政府都不得不派軍隊來鎮壓，在這場充滿流血、仇恨的暴動中，洛克斐勒終於以一篇友善、委婉的演說，平息了罷工運動。

洛克斐勒的演講，無不在每一語句間流露出友愛：

「今天是我一生中最值得紀念的日子，我何其幸運，能跟工廠的代表、職員們相見，我認爲這是一項榮耀，我會永遠記住這一天。兩個星期前，我只認識少數的幾位，然而，我很幸運地有機會到各處礦區探看，同各位代表談話，拜訪你們的家庭，認識了你們的家人，所以今日我們在此相見，已經是朋友了。本著這種友善互助的心意，我萬分高興能得到這個機會來和大家商討我們的利益。」

「這次聚會是廠方職員與工人們的代表，我所以能到此地，完全是你們對我的寬厚。因爲我不是職員也不是代表，可是我卻與你們有著密不可分的關係，因爲我代表了工廠的股東和董事。」

看吧！多麼優美的語句，眞是化敵爲友的高妙手段！

林肯早在一百年前就曾說過：「用蜜要比用毒汁捕殺的蒼蠅來得多。」這的確是句充滿智慧的語句。**希望得到別人的贊同與認可，一定要先讓對方知道你是他的朋友，那就是捉住他心理的一滴蜜。**

大律師韋伯斯特，他是最成功的律師，可是從不爭辯。他總是在提出自己的有力意見時，用極爲理性的言語，如「這需要見證人們考慮」、「諸君都具有天性常識，你們是很容易看出這件事實的重要性的」。他絕對不使用恐嚇的字眼，不使用高壓手段，他不想強制別人相信他的意見。韋伯斯特用柔和的語句，友善地趨近他人的心理，於是享有大名。

史托伯是技術工人，平常在外貸屋而居，但他有一位異常固執的房東。由於房租太高，他要求降租不成，所以決定搬家。

史托伯對班上的學員說：「房租到期前幾天，我寫了封信給房東，向他表示房子到期後，我將搬家不再續約。其實我是不想搬家，只想降低房租而已。」

「房東接到信後，立即夥同他的秘書一塊兒來到我的住處。我把在班上所學的原則，一一應用。我滿面笑容地對他說，這地方眞是太好了，不但清靜、整潔，管理也非常良好。可是因爲房租太高，我無法負擔，不得已才要搬家。」

「房東可能從沒有聽過房客對他講過這種話，他簡直是愣住了。後來他很爲難地表示，有個房客寫了封長信辱罵他，也有位房客甚至威脅說如果不讓樓上的住戶安靜點，將撕毀租約。他對我說：『有你這樣的房客，心理眞是快活。』然後他主動要把房租降低一些，希望我繼續住下去。由於我希望租金能再低些，減輕負擔，於是向他表示能力仍然有限，沒想到他二話不說，立即答應所求。臨走前，他又對我表示，希望能把室內重新裝潢，問我有何意見。」

住在長島的黛太太，也曾有過類似的經驗，她說：

「平常我很喜歡宴請賓客，所以都委託一家餐廳的總管代爲張羅。最近我又在自宅辦了一次餐會，赴宴的大都是一些商界的有名人物，這事對我來說很是重要。餐廳總管艾米爾跟前些日子的餐宴一樣代我張羅，沒想到那天他並沒有親自到現場，只派了兩位助手來掌廚，所作的餐點非但難以下嚥，甚至連上菜順序都亂了。整個宴會弄得狼狽不堪，對艾米爾我眞是恨極了，心想，一定要逮著機會數落他一番。」

「這事發生後隔天，我去上人際關係的課，上完課後我仔細地想，如果現在把艾米爾罵一頓也於事無補，反而會招惹他激烈的敵意！我何不站在他的立場，替他想想，菜不是他買的，也不是他做的，那種尷尬場面自然是他不曾預料到的。考慮再三，我終於決定不斥責他，並且很感謝他再次地伸出援手，而那天意外的事件，他不在場，根本就無法幫得上忙的呀。」

「艾米爾聽完後，笑著贊同我的話。隨後我告訴艾米爾，我又得辦一次宴會，希望能與他一起研究所有的瑣碎事。」

「那天的宴會眞如王公貴族的宴會般，親臨會場的每位來賓都嚇了一跳。艾米爾非但親自掌廚，安排每個餐桌上的擺飾，還盛裝出面主持會場。」

「宴會結束後，一位賓客悄悄地對我說：『你是用什麼魔法把他給控制住？看他把宴會辦得多完美、周到！』」

「事實上，他猜對了。我使用讚美和友好的法術，在艾米爾身上應驗了。」

當我還是小學生時，曾經讀過一段太陽和北風的神話故事。北風和太陽爭辯誰的力量大，北風說：「我來證明我力量比你大，看！那邊正走著一位身著大衣的老者，我能比你更快使他脫掉外衣。」

於是太陽躲進雲層看著，北風則鼓足全身氣力，猛吹狂風，然而風吹越大，那位老者更把身上大衣拉得緊緊的。

終於，北風累了，沒力氣了，老者身上的大衣卻依然穿著。這時，太陽從雲層走出來，對老者展開慈祥的微笑。不久老者開始忙著擦拭額頭的汗水，也把外衣給脫了下來，太陽於是對北風說：「看吧！仁慈和友善，終究比憤怒和強暴更爲有力。」

雖然這只是小學生的教育原則，但其中的論點，在我們的生活中確實是時時可以得到驗證的。波士頓的一位巴大夫，就曾親身體驗過。

他說：「有一段時間，波士頓的報紙上幾乎登滿了江湖醫生的廣告，內容眞是汙穢淫亂、誇大不實，主要目的在騙錢，尤以草菅人命的墮胎廣告更是多不可數，但他們因著政治特權的庇護而有恃無恐，市民也無可奈何。」

「這情形終於引起公憤，當地民間團體紛紛要求報紙不要再爲那些不肖廠商刊登廣告；傳教士也在傳道時痛斥這些報紙。但是，任何攻擊、任何呼籲都完全沒有效果。」

「最後，我終於想起一種全波士頓市民不曾想到的方法，我用親切、溫和的言詞，讓報社本身杜絕那些惡劣的廣告，於是我提筆寫了一封信給波士頓報社的經理。」

「一開始，我對該報大大地讚美了一番，說報上的報導十分詳實，編排方式更是獨特，是一份高尚家庭中的必備讀物。但是事情卻在此後才眞正進入主題。」

「信裡我寫說：『我有一位好友，他家也訂了這份報紙，有天晚上，他女兒拿著報上的一則廣告，問他什麼叫作——專業墮胎，害得他一時啞口無言，不知該如何回答。貴報是全州最好的一份讀物，訂戶遍及全國。以我那朋友的高尚家庭，都會碰上類似問題，相信這種困擾一定也一樣會出現在貴報其他訂戶家中。假如你有女兒，你願意讓她看到那些廣告嗎？倘若她也有這問題，你該如何回答呢？』」

「我說一份優秀的報紙，該是十分完美，大小皆適合的，只是這麼一份上等的報紙，卻讓父親們害怕自己的女兒閱讀，眞叫人爲貴報惋惜。」

兩天後，報社的經理親自回他一封信。巴大夫在班上公開了那封信。

「巴大夫您好：接到您的來信，恭讀再三，除了感激更感慚愧，訂閱本報因而遇到的困擾，敝社絲毫不得推卸責任，從此後，我們將嚴格審核，並刪除一切讀者們所反對的廣告。我們將盡量保持良好版面的形象。

您的來信讓我收獲不少，以後還望常常來函指正！」

太陽只是展露笑臉，老者的外衣就自動脫掉，而北風費盡全身力氣，卻叫對方更拉緊大衣；由此可見，**凡事訴諸溫和、委婉，比用暴力更易改變他人意見。**

再次提醒大家：用一滴蜜比用一加侖的毒汁來得更有效用。

蘇格拉底的祕密

『以柔克剛，無往不利。』

跟別人談話時，一開始不要提出你們意見不同的事。應該從雙方都贊同的事情開始討論。必要的時候，鄭重地表明，雙方的目的完全一樣，只是在方法上稍有差異罷了。

《人類行爲之影響力》一書的作者——歐弗斯教授，在書中曾提到：

「當一個人說出『不』字後，就算是眞的錯了，他也會爲保護自己的尊嚴，而力爭到底，無法妥協。因此，別讓跟你談話的人，有說『不』的機會。」

好比撞球，當球已經開始運轉後，你想要改變它的方向，勢必要賦予相當大的力量。

所以，**一個善於說話的人，一定在開始時就先獲得一些『是』的反應，使他的**

聽衆被說服於不知不覺中。

以心理狀態來分析，這也十分明顯。當一個人嘴巴說「不」時，而且本意也確實如此，那麼他的意志會絕對爲「不」堅持到底。反之，當一個人說「是」的時候，他的身體狀況沒有武裝，全心鬆弛，他會很容易接受。所以多讓對方說些「是」，就越容易博得他贊同我們的意見。

其實這種反應的技巧太簡單，然而也正因爲太簡單，容易被人忽視。需知人們對自己充滿優越感與虛榮，喜歡爲自己的意見堅持到底，對他人的意見不僅不屑且反對到底，如果眞想雙方能溝通、討論、有結果出現，抱持著自以爲是的態度是成功不了的。

紐約格林維銀行收付員安伯森就是運用這個技巧而留住了去意已堅的顧客。

他親口敘述了那件事的經過：

「有一名客戶想在我們銀行開戶，我就按規定把一些表格拿給他，告訴他所有的問題都要詳細寫明。然而他將大部分問題塡好之後，留了一小問題堅不作答。」

「若是平時，我一定會告訴他，不塡上所有問題，我們就無法讓他開戶。這一天，我卻放棄以往的作法，我想把在『人際關係』課上所學的應用在這個案例上。我一直期望他一開始就回答『是』、『好』，然後引導他到我所預測的目標。」

「『你在銀行存了很多錢，萬一你將來老死了，你是否願意讓我們把錢轉移給你最親近的人？』」

「『是的，沒錯。』那人答道。」

「『如果這麼一天眞的來了，你是否能告訴我們最親近的人是誰，好讓我們可以確實地爲你辦好過戶手續？』」

「『當然是的。』他又應道。」

「慢慢地，顧客的態度變得和緩了，並且自動地將所有問題塡好，讓他的母親成爲法定受益人，而後才欣然離去。因爲他終於明白，塡寫各項問題，完全是爲他自己的利益著想。」

「我發現，由於一開始他連聲應了『是』，所以能在無意中接受我的引導。」

西屋電器公司的業務員艾里森說：

「在我負責銷售的區域內，有位客戶一直是我們想成交生意的對象，甚至我的前任同事，花了十年的時間，也沒能達到目標。自從我接任這區域後，經過三年的努力，才好不容易地賣給對方幾台馬達。那時，我心中暗自盤算，只要這批馬達順利運轉，就會有大批的訂單隨後湧到。」

「但是幾個星期後，非但沒有接到訂單，反而接到他們技師打來的電話，告訴我說他們再也不買我們的馬達了。」

「『爲什麼?』我很驚訝地問他。」

「『因爲你們公司的馬達，運轉時溫度太高，工作人員根本不敢碰它一下!』」

「我想當時如果跟他爭辯，也無濟於事，因爲以往都用這種方式解決，結果是搞得大家不愉快。於是，我決定採用另一套辦法。」

「『史先生，』我說：『你說得很有道理，如果馬達運轉時發熱太嚴重，以後當然不能再買這種馬達，換成是我，我也會改換合於規定的馬達。』」

「結果他也回了我一個肯定的答覆。」

「接著我問他：『按照全國電業工會的規定，安全溫度是不超過室內溫度華氏七十二度，對吧?』」

「『對呀!』他應道：『可是你們公司的馬達，溫度已經超過了。』」

「我並不爭辯，接著又問他：『請問你，馬達運轉時工作室的溫度是多少?』」

「他回答：『大約在華氏七十五度左右吧?』」

「『可不就是了嗎?室內溫度已高達華氏七十五度，再加上安全規定內的超出溫度七十二度，兩者加起來高達一百四十七度，當然是連碰都不能碰啦!』」

「他同意了我的說法，我就告訴他，以後請其他工作人員不要用手碰觸馬達。」

「隨後，我們又閒聊了一會兒，後來他又把祕書叫來，又預訂了價值三萬五千元的馬達。」

「花了那麼多年的時間，最後才明白爭辯是無效的，要從別人的立場看事情，設法讓別人多說『是』，那才是最有利的。」

希臘哲學家蘇格拉底，早在兩千三百年前，就已知悉其中奧祕，他絕不指出人家的過失。他總是以所謂的「蘇氏問答法」，即是**以特定的問話技巧，來導引對方接連的肯定答案，進而在不知不覺中糾正對方否認的結論**。

下一次，我們想指責別人錯誤之前，何不讓我們回憶蘇格拉底先生是如何提示的。

別忘了「履輕行遠」、「柔可克剛」呀！

滿足對方說話的欲望

『人生短暫，不要急於在自己的一點點成就上聒噪不已。』

大部分的人都因爲急於要說服對方，讓別人贊同他們的意見時，滔滔不絕地說個沒完。尤其那些售貨推銷員，更容易犯這種毛病。**事實上真要讓別人心服口服，最好的方法，還是給對方表達自己的意見**。

即使你不同意他的說法，也得抑住衝動，不可半途插嘴。在他自己心中也有滿腹的話要說，他只在意自己的想法，並不是你的想法，所以應該耐心地聽他毫無保留地把話傾吐出來。

這種對策，在商業上能奏效嗎？讓我們聽個例子，你可以作爲參考。

幾年前，美國有家公司公開宣稱要標購一套汽車椅套，並且指定參與競標的布商，必須派員親赴公司提出產品使用及品質說明。伯先生是其中一家的業務代表，當他到城裡時，卻患了喉頭癌，嚴重到聲音都嘶啞了。他回憶道：

「那天，我被帶進屋子時，見到在座的有工程師、採購經理等高級職員。我站起來使盡力氣說話，然而說沒幾句，我連一點聲音也沒有了。那時候，我眞喪氣極了，只得取張便條紙寫上：『喉痛劇烈，已經說不出話來了。』並且表示歉意。」

「很意外地，那家公司的董事長卻突然站起來：『讓我來說。』他開始把我們公司的產品一一排列，除了一一介紹，也隨時讚美。他們開始討論時，由於董事長是替我介紹產品，所以討論的時候也是幫著我。我坐在一旁，只能不時地點頭、微笑，表示我的感激。」

「奇特的會商結束後，我竟然獲得了合同，一筆價值一百六十萬元的生意，我簡直不敢相信天底下會有這種事發生。」

「我猜想，如果那天我沒患喉嚨痛，生意可能就做不成，因爲我對產品說明的表示方式，將和當時的情形不同。我得到一個重要的啓示，有時候讓別人多說話，會有意想不到的效果。」

費城電器公司的推銷員費瑟，也曾有過相同的經驗。有一次，他到賓州一處極爲富有的荷蘭籍農作區進行業務調查，卻發現當地許多農戶一點電器設施都不用，費瑟於是問走在一旁的區助理員：「他們爲什麼一點電器設施都沒有？」

區助理員馬上說：「他們這裡的人，完全不相信外來的人，尤其對我們公司更是排斥，要想向他們推銷東西，簡直比登天還難。」

或許情形眞是惡劣到這種地步，但是費瑟卻決定再怎麼惡劣的情形，他也都要試試看。於是走到一家農戶門前，他走上前敲門，應門的是一位姓杜的老太太，她只開了一小門縫，然後用很懷疑的眼光看著他們。

費瑟很有禮貌地對她說：「杜老太太，我們聽說您養的雞種很棒，我們想來向您買些雞蛋。」

杜老太太這才放心地打開門，費瑟趁機會讚美她說：「大家都稱讚您養的多明尼加品種雞，羽毛眞是鮮麗。您家養的是多明尼加種雞對吧？」

「沒錯呀！誰告訴你的？」

「我自己也養過雞，可是沒有您養的雞那麼漂亮！」

「你爲什麼不用自己家的雞蛋，還要跟我買？」杜老太太又疑惑地問。

「做優質美味的蛋糕要用褐色的蛋！我家的雞蛋只有白色的，所以我們才想買些雞蛋回去。」

杜老太太帶他們進門，費瑟又發現，杜家除了養雞，又有整套的飼養牛隻設備。

「杜老太太，我相信，妳丈夫的養牛事業一定比不上妳的養雞事業發達。妳眞是能幹！」

她一高興，就把話匣子打開了。她說她家老頭卻是一直否認這事實。

費瑟回憶說：「她帶著我們去看她的雞舍，參觀時，我很眞心地讚美她養雞的作法，並且請教她許多問題，她給了我很多寶貴的經驗。」

「這時候，她說隔壁有些鄰居已經開始在雞舍使用電燈，聽說效果很好。她希望我能幫她提供些意見，算一算如果她也使用電燈，經濟效益高不高。我很細心地解釋裝電燈後的各種情形。十幾天之後，她訂購了我們的電燈，並裝置於養雞場，她得到了更多的雞蛋，我們也得到訂單，雙方皆大歡喜。」

「但是，如果我仍像以前那樣跟她推銷電燈，恐怕也是白忙一場。這樣的人絕對無法強迫推銷，唯一的方法是讓他們主動說出來，讓他們自己想買。」

某日，紐約一家日報刊登了一段徵人啓事，欲徵聘一位具有特殊經驗與才華的人才。那時庫必茲先生也寫了一封信函去應徵。過幾天，他接到了面試通知，他便在面試前幾天，到該公司附近蒐集有關那家公司創辦人的過去事蹟。當他進行面談時，庫必茲說道：「我覺得很光榮，能進入您這家具有效率又充滿幹勁的公司面試，我知道當二十八年前你開始創辦這家公司，只有一間屋子、一張桌子、一位記錄員。

那是眞的嗎?」

任何一個事業有成、功彪輝耀的人,都很喜歡對人提起自己當年苦幹實幹的情形。這家公司的創始人也是一樣的。於是他對庫必茲談起自己是如何以四百元和一股創業的意志開始的。他如何面對人們的嘲諷、如何與人們一爭長短,每星期假日也不休息,每天都工作到半夜;最後他戰勝了所有的挫折,成了人們矚目的對象。他對自己的成就深覺滿意。隨後,他詳細地問了庫必茲的經歷,並對一位副理說:「看來,庫必茲先生才是我們最合意的人才。」

庫必茲曾花過心思去了解未來上司過去的成就,這表示他關心他人的問題,他無形中鼓勵別人說出心裡的話,也使自己留給對方一個良好的印象。

事實上,若只是朋友聚會,也不難發現,我們對於談論自己本身的成就,要比聽別人說自己的事,來得有興趣多了。

法國哲學家羅希法特曾說:「要想樹立敵人,就超越你的朋友們;要想得到朋友,就讓你的朋友們超越你。」曉得是什麼原因嗎?因爲超越你的朋友,只會引起友人的嫉妒;反之,才能讓他們感覺受到了重視。

西德有句老話:「當我們最爲妒恨的人,遭受不幸時,我們永遠感到愉悅歡欣。」就好比中國古老哲語:「幸災樂禍。」

記住啊！你我並非長生不死，也並非通曉自然的一切，何不在短暫的生命裡，多多鼓勵別人多說話，多多稱讚他人呢？

如何取得合作

『天底下的任何人，都想將任何事操之在手；尤其更希望自己的任何想法與行事，都能夠受到重視與採納。』

你是否覺得，任何人提出的想法都比不上你自己的高明遠見？是吧！那就別硬塞給他人你的意見，只需要暗示對方，讓他自己理出結論。

舉一個實例來說，費城的亞爾先生，突然覺得手下的推銷人員，個個精神頹喪，工作效率奇差。於是，他召開一個會議，想給推銷員們提振精神。在會議中，他要他們發言，並且把他們的意見一一寫在黑板上，然後他對著大家說：「你們的要求，我都會一一實現，只是，請告訴我，我有什麼樣的好報酬呢？」

於是，大家反應熱烈，有的表示樂觀、進取，並且忠心、誠實，甚至有人主動要求每日工作十四個小時。會議的結果，公司上下都充滿新希望、幹勁無限，不久即展現出迅速的成長率。

亞爾事後表示：「我和他們建立了一種道德默契，我盡我的一份力量，他們也盡了他們的力量，我對他們的想法與需求，表示採納和尊重，那也正是他們活力的來源。」

人性即是如此，強迫不得，我們希望有商談，我們尤其希望所有的想法、觀念能被採納和尊重。

艾傑是位印花設計模版的推銷員，爲了能和紐約某著名設計家做生意，三年來，他每星期都去拜訪那位設計家。

他說：「他從未拒絕見我，但也從沒買過我的原稿，他總是口出讚美語句，而後再對我說：『艾傑先生，改天再談吧！這份稿我並不同意啊！』」

艾傑終於覺得自己犯了某些心理上的錯誤，他發憤在人類行爲與心理方面鑽研，不久決定將所學的心得一一應用。他又帶了幾張尚未完稿的圖樣，走進那位設計師的辦公室。

他說：「能否請您指點，在這些尚未完成的圖案上，該如何修正，才會符合您的需要？」

那位設計家把圖瞧了一眼，只說：「放在這兒好了，改天你再來吧。」

三天後，艾傑又去找他，聽取他的意見，把稿畫完，然後再把定稿送給那位設計家過目，果然全被接受。九個月來，這位設計家又訂了很多圖案，艾傑更常依照設計家的意見完稿，雙方一直合作得很愉快。

艾傑說：「我終於明白爲何當年一直沒法推銷出去，因爲我只是一直強迫他買我以爲他也認同的東西。現在，我和以前的做法完全相反，我請教他的意見，讓他感覺直接參與。有了這種投入感，他自己就會主動購買了。」

想當年，羅斯福任紐約州長時，他曾運用高明的做法，使得各政黨大力支持他的政策。他的作法便是：

「當一個重要官職出缺時，我就請他們推舉人選，起初，他們都會提出一些不合適的人選要我考慮，我便對他們說，用人不當，民眾一定會反對。」

「然後，他們又另推出一個，也比第一個好不到哪裡，我對他們說，不能符合民眾的要求，再推舉其他人吧。」

「接著，他們又推薦，我也覺得不是很穩妥。於是，我先謝謝他們的協助，並懇切地要求他們再推舉一位更合乎理想的人選。」

「經過多次的商討、淘汰，第四位推選出來的人，正合乎我心目中的人選條件，於是我立即很感激他們的推薦，便正式任用此人，最重要的，我讓他們感覺到政府的用人，全是他們辛苦選出來的，並且是他們樂見其成的事。往後，他們自然會給我相對的報酬，他們完全支持州政府任何的改革。」

長島的一位汽車商人，也曾利用這種技巧，順利地完成幾筆生意。有一次，一對蘇格蘭夫婦前往他的車店看車，對方老是挑剔那、挑剔這，談價錢又嫌貴，他實在不知道該如何應付，於是他到班上請求援助。

我勸他別勉強賣給他們，最好讓他主動說出他要的車種，讓他覺得買車全是經過自己的意念。結果好極了。

過幾天，有位顧客想把舊車換掉，改買一輛新的，該車商立即想到那個蘇格蘭人，也許他會喜歡這種舊型車子，所以撥了電話過去，說店裡來了一輛中古車，問他能否特別抽空到公司一趟。

等蘇格蘭人一到，該車商立刻對他說：「上回你來看車，我就發現你是位汽車老手，對汽車性能非常了解，今天剛好有輛中古車，你是否能幫我鑑定看看，它值多少錢？」

蘇格蘭人臉上露出得意的笑容，他的觀點得到外界的肯定了。於是他試了車子的引擎，又仔細地在車外繞了一圈，他鄭重地說：「依情形看，這輛車三百元買進就不吃虧。」

該車商當下立即問他：「如果對方願意以這個價錢賣出，你有興趣嗎？」

當然，這是他估的價，完全是他的主張，生意順利成交了。

一位×光儀器商人，也利用同樣的技巧，順利地與布魯克林大醫院完成了大交易。

當時布魯克林醫院公布擴建消息後，各地的廠商蜂擁而至，吹噓自己的東西多好，搞得採購人員煩不勝煩，十分頭痛。

眾多廠商之中，有一廠家的經理，特別懂得如何待人的手段技巧，於是他寫了一封推薦信，內容如下：

「最近我們有一批新型儀器準備推出，由於品質有些瑕疵，我們很想把它改良得更好。所以懇求林博士能以高深的專業知識，多多給予寶貴的意見，以供改良的參考。如蒙慨允，不勝感激。」

那位採購的林博士事後在班上回憶說：「一接到那封信，我眞的很意外。但是心中卻有難以平抑的快感，雖然平時我很忙，但那時候我仍專程抽空去參觀了那批儀器。」

「看了以後，我眞是喜歡極了，所以我立刻主動跟他們訂約，購買那批儀器。那套儀器完全出自本人的喜好而購買，並不是被強迫推銷。」

我自己也有過這種經驗，數年前，我計畫前往新布魯斯威旅遊釣魚，所以我寫了封信給旅行社請求寄來更多的資料，不出幾天，琳瑯滿目的各地旅遊說明書，堆積成山，我倒眞爲難了，不知該往何處去才好。

後來，我發覺有家旅社非但寄來價目表、旅遊說明，更附上一份他們接待過的住客名單，要我打電話給他們，詢問關於旅社的事，恰巧名單中，也有我朋友的名字，於是我馬上撥電話，向那家旅社訂了房間。

多少人爭取的生意，卻因爲這家旅社引起我主動的欲望，所以輕鬆地贏得了這門生意。

懂得將心比心

『成功的人懂得換位思考，重視別人的觀點。』

我們要知道，當一個人犯下錯誤時，他絕不會承認，這時候，千萬別去責備他，應該試著去了解他、原諒他。

一個人會有某種思想和行動，必定有他潛在的理由，我們應該是在評斷他之前，先設身處地爲那個人想一想。

最好能先捫心自問：「假如我是他，我會怎麼做呢？」如此一來，貿然動怒或苛責他人的情形也就不會發生了。

古德曾撰寫一本勸人向善的書，他說：

「先停下來，把對自己關心的程度，和對他人態度的淡漠，相互比較一下，將心比心，你就能明瞭世界上其他的人也是如此，以後與人相處，就不會那麼武斷、主觀了。」

多年以來，我一直很喜歡在我家附近的公園散步，我太喜歡那裡的一草一木，每次得知公園又起火時，總是痛恨極了那些喜歡來這野餐的年輕人。

雖然在公園的佈告欄上寫著，「凡引起火災者，將科以罰金並且監禁」，但聽者藐藐，所以效果也就微乎其微，至於公園的警察，也總是不以為意，懶於督導。

有一次，我發現火警急忙報案，對方卻冷淡地回答我：「那不是我的管區！」

自從那次之後，我在公園裡散步時，便儼然是正義的使者，到處糾正生火的遊客，我警告他們，倘若引起火災，就要坐牢，甚至，我怒目以待，要他們把火熄滅，否則抓他們到警局。結果，他們雖然遵從我的命令，卻等我離開後，又再度生起火，而且更甚之前，一副對我挑釁的模樣。

多年後，年歲稍長，與人之間的應對也比較圓融，懂得將心比心，從別人的觀點去看待事物，不會再怒目以求，反而對那些生火者說：

「各位玩得愉快嗎？你們的野餐是什麼呢？我以前也跟你們一樣，最喜歡在野外炊煮。但是在公園裡生火是很危險的，如果你們離開時忘了把所有火苗熄掉，發生了火災，將給公園帶來無謂的損失。這樣做好嗎？我們要把乾葉子掃開、避開火種，走的時候也記得用泥土把餘燼熄滅。下次再來玩時，就到山後面的沙灘生火，那邊安全多了，祝你們玩得愉快。」

用這樣的說法，效果確實驚人，遊客也不再不滿、懷恨，而我也可以保持心情愉快，事情很簡單地就解決了。

有事求人時，何不先冷靜地站在別人的立場想想，想想為什麼他會那樣做？如此一來，便可以減少摩擦的發生，也可以交到更多的朋友。

哈佛大學商學院院長唐海先生曾說：「在訪問他人時，如不先想妥自己要說的話，以及站在他的立場思考該如何回答，我寧願在屋外走兩個小時，也不願貿然闖進他的辦公室。」

切記，這是待人處事的一個重要祕訣，值得三思。如果你也能設身處地爲人著想，它在你前程上的幫助，將無可限量。

同情與安慰是人類的渴求

『同情他人的欲求與意念，可以消除怨恨、停止爭論、創造好感。』

有一句話，可以化戾氣爲祥和，停止一切爭論，並且創造好感。那就是，一開頭就說：「你這麼做當然沒錯，換成是我，也會這樣做的。」像這樣的一句話，就算是最惡的人也會軟化。例如著名的匪首克潘，假如你具有他的身體、性情、環境以及心地，你一定也跟他一樣。因爲那些便是影響他當匪首的原因。

有一次在電台廣播講到《小婦人》的作者愛考特．露意莎女士，她出生於麻省的康克特城，並在那裡完成她的名作。但是，不知怎麼搞的，連著兩次我竟說是新罕普什爾州的康克特城。節目播完後，許多人寫信來抨擊我，其中有位住在麻省的太太，更是惡劣地指責我的不對。那時候，我眞想寫一封信給她，除了反駁她的無禮，更想發洩那份受辱的怒氣；但是我沒那樣做，我想當初如果那樣做，非但無濟於事，還會惹來更多的敵人。

我決定化敵爲友。有一次我經過費城，便特意打電話給她，我們的談話內容如下：

我：×太太你好，幾個星期前收到你一封信，眞要感謝你呢！

她：很抱歉，我認不出來你的聲音，請問你貴姓？

我：我叫戴爾．卡內基，幾個星期前，我在電台發表有關愛考特夫人的生平事蹟，結果連犯兩次大錯，把她的住處說錯了，你寫信來指正，我眞是非常感謝。

她：不！不！卡內基先生，我才是該向你道歉，我寫了那封無禮的信，我實在太衝動了。

我：你無需道歉，本來就是我的錯，小學生都知道的普通常識，我還說錯，這就是我的不對了，我公開地向所有聽眾道歉，尤其是你，我更應該親自道歉。

她：我的家鄉正好在麻省康克特城，家鄉出了這麼一個大人物，每個人都以家鄉爲傲，因爲如此，所以當你說錯時，反應就很激烈，也眞是難爲情，寫了那一封無禮的信。

我：這是我才疏學淺，我的錯，謝謝你肯來信糾正我。以後，希望你能常常寫信來指正。

她：你很了不起，肯接受別人的批評，有機會一定要跟你交個朋友。

我以她的立場，對她表示道歉，我同樣也得到她的道歉，而且還得到她仁慈的撫慰，使她對我產生良好的印象，比寫信駁斥她，眞要愉快多了。

凡是身居白宮要職的人，差不多每天都要碰上許多人際關係上的棘手問題，塔伏特總統在其所著的《服務道德》一書中，舉出一個例子，說明他如何化解一位婦人的滿腹怒火。

他說：「有一位政要人物的妻子，千方百計要自己的兒子接任正好出缺的要職，她極盡所能地討好各方並大力向我推薦，但因工作需要具有專業知識的人才，所以我選用另一個人。不久即接到那位太太的信件，她說她曾盡力勸說那些議員，支持通過我的重要議案，如今我卻忘恩負義，以怨報德，使她失望透了。」

「接到她的信，眞是恨透了她的乖張，心中憤憤不平，當時馬上寫了封嚴厲的駁斥信函，但是寫完後我把它鎖進抽屜裡。因爲等心情平靜下來時，再拿出來看一次，就不會寄出了。」

「兩天後，我很理智地寫了一封信給她，我對她說：『我很了解你的失望心情，但是任用人選，並不能依照我個人的好惡來決定，除了考慮人選的能力，還得考慮專業知識是否足夠。』最後，我眞心地祝福她的兒子，未來謀職順利、前途光明。

這封信果然見功效，對方回了封道歉信函來。」

哈洛克是全美最有名的音樂經紀人，他的一生中大半時間都爲一些著名的音樂名人安排演唱或表演。哈洛克對於這些所謂大牌藝術家的看法是：對他們要富於同情心，極力同情他們古怪的脾氣。

三年多以前，他曾當過著名低音歌手夏賓的經紀人。然而，雖貴爲一流歌手，夏賓本人卻像被慣壞的兒童，行爲舉止，眞是無奇不有。

有一次演唱會就要開始了，夏賓突然打電話給哈洛克，說他喉嚨疼痛劇烈，無法演唱。哈洛克並沒有對他發脾氣，放下電話筒之後，直驅夏賓下榻的飯店。

哈洛克說：「演唱會取消算了，雖然會損失兩千元的酬勞，但爲健康著想，也是値得。」

於是，夏賓靜默一陣之後，才嘆息道：「你晚點再來好了，或許那時候，我也好點了。」

當時，夏賓仍堅決表示，要在演唱會表演前五分鐘，再決定演出與否。

最後，夏賓才表示要登台演出，但是有一個條件，要哈洛克先生對觀眾聲明，他因爲喉嚨疼痛，音色可能受到影響。哈洛克當然應允，一場演唱會終於開始。

心理學家蓋茲說：「人類渴望同情。即使是小孩，只是輕微的擦傷時，也會需要大量的同情與安慰。成人也會爲了同樣的渴求，而四處顯示自己的疾病或所遇到的危險。」

「自憐」正是人類的通病。

引發對方心底深處的高尚情操

『規勸犯錯的人，就得好好利用他所表示的潤飾說詞。』

在我密蘇里老家附近鄉鎮，有座著名的大農場，是當年的搶匪傑姆斯所留的產業，他的家人仍然住在農場裡。

他的妻子告訴我，當年傑姆斯如何搶劫銀行、打劫火車，並將金錢布施給貧農償還借款。

像傑姆斯這樣的人，心中永遠認爲自己是個了不起的理想家，他們自以爲劫富濟貧、俠風高潔。事實上，凡是人類，永遠都高估自己，並依照自己高估的主觀行事。

大銀行家摩根對人的觀察結果是：人類做任何事，都基於兩種理由，一是眞實的，二是好聽的。眞實的理由是每個人都要的，但我們各自以爲是理想家，喜歡好聽的動機。所以，**要改變人，就激發他深處自以為是的高尚動機，亦就是自圓其說**

的潤飾之辭。

法瑞爾是一所公寓的主人，他完全依靠房客的租金過生活，然而，房客不免良莠不齊，有一位房客恫嚇要提早退租，並要求退還押金。

他在班上報告說：「他打算過完冬天就搬，而冬季正是任何消費最高的季節，況且秋季以前租房子的人很少，眼看收入就要短少，眞想跑去跟他理論一番，若眞要退租，押金也得扣著。」

「可是，我並沒那麼做，我試用了別的方法。我拜訪那位房客，很客氣地對他說：『我已經收到你的退租通知了，老實說我眞不敢相信你們要搬走；我當了多年的房東，各式各樣的人都看過，當我第一眼看見你時，就看得出來你是個非常忠厚守信的人，應該不會中途背信才對。我想這樣好了，你再多考慮幾天，住完這個月，仍然決定搬走時，就依你的意思解約。當然，像你這麼守信的人，想提前解約，必定有不得已的苦衷，一切就等到下月初再決定，好嗎？』」

「結果，月初一到，他不但未解約，同時將房租一起繳清，他認爲守約是他一生最樂意做的事。」

英國的諾克地夫爵士發現有家報刊竟然登了一張涉及他個人隱私的照片，心中覺得很不快，他寫信給該報編輯：「編輯先生，麻煩你們別再使用那張相片，我的母親不喜歡它。」他並沒有直接指責對方，他只是激發對方對母親尊敬的高尚動機罷了。

石油大王洛克斐勒也利用同樣的技巧，避免了記者亂登他孩子的照片。他說：「各位，你們家中也有小孩，你們一定都知道，小孩子過度的宣傳、曝光，對他們來說，壞處可不少。」

全美二大報業發行人卡蒂斯，他剛成立報社時，根本連作家稿費都負擔不起。然而，他卻懂得激發他人心中的高尚情操，讓他們爲他的報刊提筆。

例如，他替《小婦人》作者露意莎捐了一百美元，給她平日最關心的慈善機構，結果露意莎未收分文稿費，爲他的報刊執筆。

或許你會很懷疑，這種做法也得對富有愛心的人才行得通，不吃這一套的人，也不在少數。

當然，若有更好的方法也可以採用，否則就姑且一試有何不可呢？多一些與人相處的經驗，有何不好？

一家汽車公司的六位顧客，拒絕繳付所欠帳款，理由是他們認爲帳單中有些修繕款項不合理。

公司的經理馬上清查六位客戶的資料，發現他們一直都是良好紀錄的客戶，心想一定是收費的人員有服務不周的地方，才招致客戶不滿，於是交給了湯姆士辦理，湯姆士當時使用了五種方法，結果效果奇佳，六位客戶除了繳清帳款，還訂購了新車。

湯姆士的方法：

1、拜訪客戶，告訴客戶他是來調查客戶對公司服務是否滿意的。

2、強調尚未得知他們拒付帳款的事，若眞有此事，也絕對可能是公司方面出了差錯。

3、強調來訪，是欲得知對方目前車況，以及有哪些難題。

4、鼓勵對方說話，並誠懇地洗耳恭聽。

5、待對方態度緩和，可以溝通時，再以誠懇的言辭，激發對方內心的高尚情操與惻隱之心。

湯姆士說：「對於公司部分人員的疏忽，我在此向你先致上十二萬分的歉意，聽完你的話，我深深覺得你實在是一位公正有耐心的人。有關帳單的事，你自己來調整，你是一個靠得住的人，你說怎麼辦就怎麼辦，我把帳單全委託給你了。」

湯姆士回憶說：「碰到這問題時，就把客人當作是眞心、誠實、可靠的，並且是願意付帳的。把所有人當成紳士，激發對方高尚的情操。如此一來，大家就都會以眞心、誠實、可靠來要求自己了。」

用故事與展示技巧打動人心

『促銷自己的意念，就把意念戲劇化地表現出來。』

好幾年前，費城一家報社被同業中傷，到處謠傳由於該報版面廣告太多，新聞內容空洞，使得報社面臨形象受損，讀者也大量減少，因而一些廣告主顧紛紛撤出，財務發生危機。

於是，該報採取了另一種應變措施。

他們將平日的新聞加以剪輯、編排，出版了一本厚達三百零七頁的新聞集錦，並且大肆宣傳，又低價出售。結果，非但引起搶購，成本得到回收，且又證明了新聞內容並非外傳的空洞貧乏，實際上內容可讀性極高，文筆生動活潑，包羅萬象，的確很有質量。

說實在的，這是一個戲劇化的時代，僅是說出事實仍嫌不夠，必須把事實生動地形容出來。

一家鼠藥製造公司，於商品展示期間，特地在展示櫥窗放進兩隻活生生的老鼠，以吸引觀眾注意鼠藥的功效。結果售出數量，比平常多出五倍。

班頓是美國週刊社的一位市場調查員，他奉命為一家面霜公司作詳盡的市場調查，他發現有別家廠牌準備降低售價，好跟該面霜公司一較長短，他準備以此跟該廠老闆會談。

他回憶說：

「我第一次見他時，話題只在無用的討論調查上爭執，他爭、我也爭，他無法接受我的調查結果。」

「第三次見他時，我再也不跟他扯表格、論數字了。我用了一項很生動的方法來進行。」

「當我進入他辦公室時，他正忙著接電話。我便自行取出帶來的三十二瓶面霜，一一排列在他的桌上。他也知道這些全是同業的產品。」

「我在每一瓶罐外貼上標籤，除了寫明調查結果，也大略寫了該項產品的歷史。」

「結果是，不但沒有爭辯，他在看完一瓶一瓶的說明後，與我暢快地討論問題，他覺得有趣極了。一小時之後，我們仍繼續談著。」

「同樣的目的，卻用不同的方式進行，結果是天壤之別，與上次大異其趣。」

語言是描述事物最為拙劣的方法；而戲劇化的效果絕對會比談話好。

激發人性的挑戰意識

『爭勝的欲望及挑戰的心理，是一種最有效的激將法。』

鋼鐵大王卡內基的助手史考布，他所管理的某鋼鐵廠，每天出產量不夠，史考布便問該廠長：「你這麼能幹，爲什麼出產量老是不夠？出了什麼事嗎？」

廠長回答：「我也不知道，我軟硬兼施都無效，他們就是無法振作。」

那時候日班結束，準備夜班接替。史考布要了一支粉筆，他問了旁邊的工人：「你們今天生產幾噸？」

工人回答：「六噸。」

史考布便在地上用粉筆寫了一個大大的「六」字，什麼也沒說便走了。

夜班工人上班時，發現地上的字，便問什麼意思。日班工人解釋說：「大老闆來過，他問我們白天共生產幾噸，聽我們說六噸，他就把它給寫在地上了。」

第二天，史考布又來，發現地上的「六」字已經被擦掉，換上一個「七」了。日班工人早晨上班時，發現地上的「七」字，心裡不服氣，爲表示比夜班工人能幹，個個更努力工作。結果當晚臨走前，地上的「七」被改成「八」了。一直競爭下來，這座工廠的產量，遙遙領先各廠。

史考布解釋其中原因：「想完成任何事，就要刺激競爭心理。不是金錢利益之事，而是一種比別人卓越的欲望。」

中國不是有句古話——請將不如激將。學問可大呀！

想當年從非洲獵獅回來的羅斯福總統，年輕時角逐紐約州長寶座，他的對手竭盡心力找他麻煩，掀他底牌，弄得他心灰意懶，幾乎要退出競選。但卻因朋友的一句話，燃起他的雄雄鬥志，也因而改變了他的一生，改寫了美國歷史。他的朋友說：「聖喬安山的大英雄，原來也這麼不堪一擊？」

在史密斯担任紐約州長任內，魔鬼島的監獄長一職始終出缺，由於盛傳辛辛監獄黑暗無比，貪贓枉法，誰也不敢接下那位子。爲了找一位強悍的人去接替該職，他寫信給路易士，請他務必來商談。

他笑著對路易士說：「那地方眞需要像你這樣的人去負責。」

路易士一想到魔鬼島，可眞傻眼了。他實在該考慮是否値得他去冒險。

史密斯一見如此情狀，直起了背靠在椅子上說：「年輕人，難怪你會心悸，那裡確實很難相處，它眞是需要一位膽壯有力的人去負責。尤其像你這樣的一個人手。」

因爲史密斯用的是激將法，而路易士也要做一個膽壯有力的人。

於是他去了，並且幹了好幾年，成了最有名的監獄長。他所著關於「辛辛監獄」內部情形的書也大爲風行，也受邀上電台講述犯人的生活情況。並且由於他對囚犯講求「人道」的主張，也爲後來的監獄法規帶來長遠的影響。

火石橡膠公司的創辦人史東先生曾說：

「光是錢，並不能延攬一流的人才，爭勝負的精神，才是主要誘因。」

世界上成功的人，一定都是好勝心很強，絕不輕易服輸，他們不會放棄任何一個競爭機會，他們永遠勇於表現自我，爭取勝利。人類之所以有進步的文明，也正是因爲如此。

PART 3

身為領導者，如何改變他人

我們若能讚美、鼓勵他人，
使他明瞭自己所擁有的珍貴資質，
不只可以改變他的看法，
更可以改變他的一生。

先禮後兵

『批評他人之前，先誇讚他人的長處。』

柯立芝總統入主白宮時，我有一位朋友應邀到白宮作客，那天他去的比較早，直接就進了總統的私人辦公室，他聽到柯立芝總統正對他的女秘書講話：「這套衣服穿在妳身上眞是美極了。」

那位女祕書驚愕之餘，立即羞紅了臉。柯立芝隨後又說：「不過穿衣服和工作是兩碼子事，以後妳打字時，別忘了標點符號的使用。」

他的說法雖太明顯，但在心理學上卻是很巧妙的。**當我們聽完別人的讚美後，會更有肚量去包容別人的批評**。

林肯總統任內所寫的一封信，於一九二〇年拍賣時，竟然以一萬兩千美金的高價售出。金額之大，令人咋舌，即便是林肯總統工作半個世紀，也賺不到這些錢。

這封信寫於一八六三年四月二十六日，那時內戰呈現黑暗的時刻，北軍節節失利，除了人民失掉信心，部分議員更想罷免林肯之職。那時林肯眞是前途渺茫、瀕臨崩潰邊緣。

然而正當國事危亂，手下的一員大將卻又老是失誤，造成更多禍害，林肯便在心力交瘁時，寫下這封信。

他說：「我榮任你爲波馬克軍隊之首，實在是有我相當的理由，但我想你最好也知道，有些事，我對你不是十分滿意的。」

「我相信你是一位驍勇善戰的軍人，而且也是一位足智多謀的將領，我相信你也絕不會將政治和軍事混爲一談，這是你的特長，也是不可置否的個性。」

「你的強烈野心，使你在戰場上奮勇殺敵，這是最大的功勞；然而，在班頓將軍任指揮官期間，你卻明目張膽地與之作對，處處爲難他，這對國家來講，眞是有害無益，對袍澤也有失厚道。」

「我聽說你主張，無論軍隊裡或政府，都應該有一位強而有力的獨裁者，集權於一身，方能領導啓效。只是，今日我重用你，並非是完全贊成你這偏激的想法。」

「只要軍事勝利，有戰功的將軍，才能被稱爲獨裁者。今日，我對你的希望即是軍事勝利，即使授你獨裁亦無妨。政府自將全力支持你，然而若將此言論公諸於袍澤，也非明智之舉。因爲集權獨裁者難以收服人心。希望你能專心於軍事，一心一意爲國家、爲我們帶來勝利。」

你不是柯立芝，更不是林肯，那你知道這哲理也能運用在商業及平常人際相處上嗎？

批評他人之前，先對他人的長處誇讚一番，這眞是一大哲理。

費城的高先生是一家營造工程的經理，有次他與人簽下合約，表明絕對按所記日期交屋。工作進行得很順利，然而就在主體工程接近完工時，他卻接到大門銅製飾品公司寄來通知，表明無法如期交貨，將延遲幾天。果眞如此的話，依照合約上註明，高先生的公司將損失不貲。於是高先生奉公司之命，前往交涉。

然而這位高先生深知待人處事之祕訣，於是運用些技巧。

高先生說：「當我一進入那家銅飾廠經理的辦公室，我開口就說：『你眞是名人，整個布魯克林市，就只有你這人名。』那位經理驚訝地問我爲什麼知道。」

「我說：『爲了能先打個電話給你，我翻閱了電話簿，整個名冊上，只有你的姓氏是唯一的。』那位經理說他從未發現過，於是他很感興趣地也拿電話簿來翻閱，果眞如此。他隨即很驕傲地對我說：『本來就是，這個姓氏眞是少見。我們是從荷蘭移民過來的，在紐約也有兩百年了。』他繼續暢談他的家世及先代情況。」

「他又帶我參觀他的工廠，我一直稱讚他的工廠眞廣大，並且讚美說：『這眞是我所見過最整潔的一家工廠。』他說他將窮盡一生努力經營這家工廠。」

「他用大半的時間讓我看機器的運作以及產品的生產。看完後，他又請我吃飯。」

到目前為止，高先生隻字未談正事。

「飯後，那位經理對我說：『現在，讓我們來談談正題。我一看就知道你為何事而來，只是跟你談話很投緣，就給聊忘了。有關銅飾工程的事，我將想辦法如期完成，你放心吧！』」

結果銅貨如期運到，建屋也如期交出。當時，高先生若用激烈的爭辯，恐怕就無法達成目的了。

旁敲側擊，效果更佳

『永遠避開正面的批評，必要時再給予旁敲側擊的暗示。』

史考布有天巡視廠房時，看見幾個工人正在抽菸。牆上卻懸有一塊「禁止吸菸」的吊牌。

史考布悄悄走過去，從口袋掏出香菸，分給每個工人，然後說：「你們如果能到外面吸菸，我將感激不盡。」

這種做法，巧妙地化解了原本對立的場面。如果你是史考布，你要怎麼做呢？

一八八七年三月八日，著名的布道家畢契牧師逝世了。他的職位由亞柏特牧師接替。爲了能善盡職責，亞柏特撰寫演講稿，待一次又一次的修正後，他把演講稿從頭到尾念給他的太太聽。其實那篇講稿與普通演說詞完全雷同，毫無特殊之處。假若他的太太是個沒見識的人，可能會對他嚷嚷：「這篇講稿眞是差透了，教人想睡。你爲什麼不跟平常講道一樣？難道你講道這麼多年了，還不明白？」

然而，她並沒有那樣說，否則後果可不堪設想。她只是說，如果把它拿到北美評論發表會更適合，因爲這是一篇傑作。但是如果用來講道，恐怕也得稍微潤修後才行的。

亞柏特了解其中暗示，遂撕掉講稿，乾脆即興演講，效果反而好多了。

由此可見，千萬別正面批評，給予技巧性的暗示，效果更佳。

能先承認自己的錯誤

『批評他人前，得先批評自己。』

中國人的老祖宗留下太多的警世名言，這一章恰好可以用「欲苛求於人，莫忘先反求諸己」來做爲主旨。**先讓對方聽到自己承認缺失，再從而指正對方的錯誤，效果絕對要比強烈地苛求強上千百倍**。

早在一九〇九年，德意志帝國的布洛親王，也親自領會到這個原則的重要性。當時的德皇是氣燄高張、目空無人的威廉二世。

有一次，德皇在英國作客，對著公眾發表演說，並允許報紙照原意發表出來。這段可笑、荒謬、自私的言論，一時震驚了全歐洲。他說只有德國才有能力保護英國免於法、俄兩國的染指，並說只有他才是英國最值得信任的朋友，他建造艦隊也是爲了維護歐洲的安全。

由於他大吹大擂、言論荒謬，不僅成了歐洲人街談巷議的笑柄，英國尤其不平，而德國本身一些政士也爲此深憂不已。

後來事情越演越烈，德皇也自知失言，但又羞於認錯，心生一計，打算將所有的錯推到布洛親王頭上，對外聲稱，一切言論皆是受到布洛影響所致。

布洛知道後，很委婉地對德皇說：

「陛下！全世界沒有人會相信，我有如此能耐可以左右君王的言論！」

威廉二世瞬間怒不可遏：

「這是什麼話？難道你從不會犯錯？我是德意志大國的君王，豈能輕易犯錯？」

布洛發現，自己在未稱讚他之前就給予批評，實在錯了，他只好又說：

「陛下賢明，治國軍事精明，我根本一點也比不上。如果說我的言論可以影響陛下，一定無法取信於人。」

威廉二世經他這麼一捧，瞬間也就平息了心中的怒氣。他說：「你說的眞對。往後，我們更應該爲國盡心盡力，再有奸惡小人敢在我面前挑撥是非，一定重罪處之。」

一個精明若此的大臣，都會一時疏忽而說錯話，更何況平凡如你我。幸而布洛運用了讚美的技巧，化解了君臣之間的對立。

總而言之，懂得謙懷，樂於讚美他人者，必可在人際關係上創造出意料之外的奇蹟。

命令只會產生反效果

『下達命令，將會招惹更多的敵對。』

最近，我和美國傳記作家特貝共同用餐，當我告知準備出版本書時，她熱烈地提供了許多有關與人相處的寶貴意見。

她說，她當年撰寫歐文傳記時，曾拜訪一位和歐文共處三年的同事。那位先生告訴她，在與他共事三年之久的日子中，他從未聽過歐文以命令的口氣對任何人說話，歐文總是以建議的方式來表達。

他說，歐文絕不會說出「你應該如此」或是「不可那樣」之類武斷的句子，而是用謙和的口氣問：「你是否能考慮這麼做？」或是「你認爲這樣是不是會好些？」等。

總之，歐文懂得注意爲他人保留一些選擇的餘地。他並不願指使他人做任何事，而是讓他們自己去做，而後再從錯誤中學習。
這種態度，保留了對方最基本的尊嚴，同時也讓對方樂於合作。

替對方保留面子

『世上真正偉大的人物，絕無暇只注意自己的成就；他們總是留心於能讓對方保全他們自己的面子。』

替對方保留顏面，永遠都是一件很重要的事，然而有幾個人會想到要爲別人留點尊嚴？當我們亟欲解決事情的時候，不論對方是老、大或婦、小，絕對很少考慮到對方的自尊。

「炒人鱿魚的事，就像一個燙手山芋，沒人敢碰。」一位會計師道出了這種感受。他說：

「由於我們公司營運的淡旺季差距很大，所以每年三月總要辭掉一些臨時雇員，那時候眞是教我難以啓齒。」

「每次，我都得出面對他們說：『先生，很抱歉，公司的旺季已過，你手邊的工作也告一段落，我們也沒有多餘的工作可以派任給你，當然，當初我們也講好這工作只是暫時的，……』。」

「說完話後，他們每每露出沮喪、失望的表情，眞教人難過。所以，我決定一改慣常使用的詞句，我把每一位臨時雇員的工作績效細想一遍，才對他們說：『先生，這回請你們來此幫忙工作，你們傑出的才幹眞為我們解決了不少問題，本公司對你們眞是非常感謝。我們確信，以你們的才幹、經歷，無論到哪裡都會受到認可的。以後若有機會，還會重用諸位。』」

「這樣說後，他們的神情完全改觀了。下次旺季時，他們也一定樂於再回公司工作。」

經過幾世紀的激烈征戰、對立，土耳其人終於在一九二二年決定把希臘人趕出國境。土耳其的馬將軍對三軍發表完演說後，沉痛地說：「大家一致的目標——地中海。」接著一番激烈戰爭展開，土耳其獲勝，而後希臘派出兩位將軍前來請降。

馬將軍一點勝利者的凌傲態度也沒有，他拉著他們的手說：

「兩位先生請坐！勝敗乃兵家常事，不足掛齒。」

馬將軍雖然身處全勝的歡愉中，卻仍不忘保留對方的尊嚴。

鼓勵、讚美永不嫌多

『珍惜任何一個讚美、鼓勵他人的機會，為人類牽出更多的成就。』

我跟彼德派勒很熟，他的一生，幾乎都用在馬戲團和各種雜耍的表演上。他深懂動物的性情，我曾看到他訓練小狗，每當狗兒做了新的動作時，他總是竭力撫慰一番，並且賞塊肉，嘉許狗兒的認眞態度。

這並不稀奇，自古以來，任何一個馴獸師都會用這種技巧訓練各種珍禽異獸。

同樣的，以這種方法，運用在人的訓練與改變人時，也會有效嗎？爲什麼我們不用肉代替鞭笞？用鼓勵代替責備？

辛辛監獄長路易士曾告訴我說：

「我發覺對犯人給予適當的誇獎與鼓勵，對於監獄的秩序以及促使他們改過向善有很大的效果。」

回顧我這一生，時時可以發現因爲幾句讚美而改變前途的例子。歷史上關於讚美的魔力，所引發的變化例子，也是不勝枚舉。

五十年前，有位十幾歲的孩子在那不勒斯一家工廠打工，由於他立志成爲歌唱家，一直勤練不歇。然而第一個音樂老師卻毫不客氣地對他說：「你哪是唱歌的料？破鑼嗓音，練不出個所以然的。」

可是，他那貧窮的母親卻摟著他，誇獎他說：

「孩子！你又進步了，你一定會成爲歌唱家的！」

他的母親到處打工賺錢，好供應他學習音樂的費用。果然，這位母親的辛勤和讚美，改變了那個孩子的一生。他就是世界名聲樂家卡羅素。

許多年前，倫敦有位青年渴望成爲作家，但卻因父親入獄，家境貧困，小學只念四年就輟學。後來他找到一份工作，晚上就和另外兩個窮小孩擠睡在暗黑的小樓頂儲藏室。他對自己的作品很沒有信心，每次都趁大家熟睡後，才敢偷溜出去投郵，以免被譏笑。終於有一次，他的文章被刊登出來，雖然一分報酬也沒有，卻有一位編輯讚許他。那份讚許，竟讓他感動得淚流滿面。

那一篇小說被刊登，加上那位編輯的讚美，完全改變了他的一生。他就是英國大文豪狄更斯。

其實，**我們若能讚美、鼓勵他人，使他明瞭他自己所擁有的珍貴資質，不只可以改變他的看法，更可以改變他的一生。**

心理學家詹姆斯曾說：「若拿我們應該成就的事業來比，目前我們只是到達一半而已，實際上我們具有各種能力，而沒善加利用。」

看來，如果我們再吝於誇獎他人，吝於以讚美來激發潛在的能力，必要錯失很多偉大的成就，使這世界蒙受大損失。

先給他美名，讓人更願意付出

『任何人，都將願意為保持別人贈予的美名竭盡其力。』

我的朋友肯特太太，她剛聘請一名女僕，並且從下星期開始上班，正巧一位朋友曾經雇用過這位女僕，而且說她不好。

女僕上班那天，肯特太太立刻對她說：

「莉妮，前幾天，我遇到一位以前雇用過妳的朋友，她說妳很誠實，而且很會做飯、照顧小孩。但是只有一點，那就是對整理房間有些外行，老是弄得不夠乾淨。依現在看來，她眞是說瞎話，妳穿得這麼整潔，我確信妳一定也會把家裡整理得既一塵不染又有條理，我們一定可以相處愉快的。」

的確，她們相處得很好。爲了保持那份肯定的美名，莉妮把屋子打掃得又整齊又乾淨。

一位汽車公司的董事長曾說：

「只要能敬重對方的特殊能力，無論怎樣的要求，任何人都會將其優點全部表現出來。」

莎士比亞則說過：

「如果你沒有某種能力，就假定你有。」

何不也假定對方有尚未發掘的能力，並且明白地給他一種美名，他必會爲保持美名而竭盡全力去做，不致讓人失望。

辛辛監獄的監獄長說：「對付一個騙子最好的方法是，對待他像對待一位誠實的君子那樣。假定認爲他必在水平線之上，他將會如遇知己，驕傲有人信任他，並會設法報答你的知遇之恩。」

天底下，不論何階層人物，只要聽到別人讚美自己某一優點，一定會全力去維護自己的這份美名。

給他打氣

『善於鼓勵對方，不管能力多差，一定都會因鼓勵而全力以赴。』

我有一位朋友，已經四十歲了，最近訂了婚，他在未婚妻的鼓勵之下，決心學習跳舞。

他說：「我已經幾十年沒跳過舞了，結果第一位老師一直嫌我這錯那錯，我根本也沒信心再學，所以就辭了那位老師。」

「第二位老師卻是在未婚妻的鼓勵下再請的。他與前位老師完全不同，他直誇我舞步輕快、音感不錯，我心裡一高興，就學得更賣力了。那些話帶給我另一種希望。」

一味地指責他人的缺點，將阻止對方改善的意願，如果能施以適度的鼓勵，讓他知道你很尊重他改善的能力，情形可就大大不同了。

最近我到湯姆家作客，晚餐後，夫婦倆邀我一起玩橋牌。當時我可呆住了，橋牌我可是一竅不通。但湯姆卻說：

「戴爾，這沒什麼難的。只要頭腦清晰、記憶力強就好了。你寫了這麼多關於記憶的書，玩橋牌對你來說肯定是易如反掌。」

我被這麼一說，倒眞聚精會神地玩了起來。

眾所周知的橋牌理論作家埃瑞，要不是當年一位少女對他美言鼓勵，他可能就沒有今天的成就。

當他一九二二年到美國後，始終一事無成，卻也未曾想去教打橋牌。隨後因爲遇到一位橋牌老師，旋即相愛結婚。她發現他對橋牌十分細心，於是鼓勵他發揮潛在的天份。埃瑞說，就是因爲那番鼓勵的話，才改變了自己的一生。

適時地爲他戴上高帽子

『虛榮——往往會帶給人類最大的力量。』

一九一五年，美國正值紛亂時期，歐戰正激烈，爲了能提早促成世界各國和平相處，威爾遜總統決定派遣一名代表，前往歐洲與各國領袖共同會商和平大計。

當時的國務卿布瑞安主張和平最力，他極力爭取此一機會，他看出這將是一件偉大的任務，而且可以名垂不朽。

之後人選公布，布瑞安才知道被派遣赴歐洲的是他的朋友何斯上校。爲了這件事，何斯一直不知道該如何面對布瑞安，他回憶當時說：

「當我告訴他這消息時，他顯然沮喪極了。他說他期待已久，已經打算好去完成這歷史重任。」

「於是我回答他，總統認爲派一位國家要人出國，必將引起許多猜測，對和平反而有害無益。」

何斯上校藉由這翻話引出布瑞安是一個國家要人，結果使布瑞安不再耿耿於懷。

我有一位朋友，他總得推辭許多演講的邀請。由於邀請泰半來自朋友，或是人情難卻的人，所以他學習在拒絕的時候，也能帶給對方另一個收穫。拒絕時，除了一直表示自己實在太忙，無法前往演說，在抱歉之餘，他也建議一位能代替他演說的人。換言之，他不給對方有時間對於推辭感到不快，而是立刻讓對方把時間心思放在別的演講者身上。

他總是建議對方：「何不請布魯克林報的編輯路杰士呢？海克也可以，有考慮過嗎？他在巴黎十五年，又是駐歐通信員，一定有很多精采的故事。」

白特印刷廠的經理黃特先生，請了一位印刷技師，但是技師老是抱怨工作時間太長、身體太累，說自己還需要一位助手。

黃特先生確實該好好改變該名技師的態度了。黃特並未減少工作時間，也未添助手給他，只在另一個房間爲該技師設置一間辦公室，並在入口處掛上名牌——技術部經理。

從此技師再也不抱怨，他已經由一位別人可隨便下達命令的技師，轉變爲一位有重要性的經理，他很高興地繼續工作了。

好笑嗎？或許。只是人性何嘗不是如此呢？當年拿破崙把自己身邊的將官尊稱爲「法國大將」，將其所屬軍隊稱爲「法國大軍」，於是有人攻擊拿破崙以虛榮腐蝕人心。

拿破崙卻回答：「虛榮是人類力量的主要來源。」

這種技巧，在平常生活中也是可以常常運用的。

例如：我在文前提到的肯特夫人，她家前院就有塊大草坪，然而時常被隔壁頑皮的孩子們任意踐踏。任她怎麼威嚇他們卻一點用處也沒有。於是她找來帶頭的頑童，任命他爲草坪的監察隊長，專門防範外人踐踏草坪。結果這孩子爲了維護監察隊長的名譽，再也不准任何人踐踏肯特夫人家的草坪。

這就是人性，你還不相信嗎？

卡耐基洞悉人性弱點的不敗語錄

怎樣受人歡迎

1 以眞心去關懷他人
2 永遠給予微笑
3 善於利用最甜蜜的語言——姓名
4 做一個熱忱的聽眾
5 談論他最感興趣的話題
6 讓他感覺到自己的重要性

如何影響他人

1 永遠避開爭辯
2 別當面直言他錯了
3 勇於當眾承認自己的錯誤
4 以理性來判斷
5 使他肯定地說「是、是」
6 鼓勵他人談論自己
7 使對方以爲想法是他自己的
8 將心比心
9 尊重他人的想法與欲求
10 激發對方潛在的高尚情操
11 讓對方的意見戲劇化地表現出來
12 遣將不如激將

身為領導者，如何改變他人

1 批評前先給予眞心的稱讚
2 絕對不可當頭棒喝
3 凡事先反求諸己
4 保留對方的顏面
5 給予建議的口氣
6 眞誠地誇讚
7 給他一個美名
8 適度地給予鼓勵
9 別忘了給他戴高帽子

【出版後記】

看完本書後，請切記作者所強調的，它是一本以行動為宗旨的書，不但要熟記，更要以行動來實踐它。

你將會發現你的轉變：

一、脫離了舊思想的障礙，建立新思想，充滿新的信心，更有衝勁往新的志向邁進。
二、更廣結善緣。
三、更受人歡迎。
四、觀念、想法更加為人所接受。
五、增加成事的能力。
六、得到更多的新主顧。
七、吸引更多的生意上門。
八、與人相處愉快。
九、變成更優秀的業務高手。

十、更具說服力，說話更有趣。
十一、更容易運用人際心理原則。
十二、充滿無限的熱忱與善心。

期待《人性的弱點》能帶給你新的信心與希望，使你待人處事獲得奇妙效果。

國家圖書館出版品預行編目資料

人性的弱點：卡內基教你贏得友誼並影響他人 / 戴爾・卡內基(Dale Carnegie)作；季子編譯. --初版.–台中市：晨星，2018.05
面；公分，——（勁草叢書；398）
ISBN 978-986-443-429-9（平裝）

譯自 : How to win friends and influence people

1.人際關係 2.溝通技巧

177.3 107003881

勁草叢書 398

人性的弱點：卡內基教你贏得友誼並影響他人

How to win friends and influence people

作者 戴 爾 ・ 卡 內 基 (Dale Carnegie)
編譯 季 子
責任編輯 王 韻 絜
封面設計 李 奇 鴻
美術設計 張 蘊 方

創辦人 陳銘民
發行所 晨星出版有限公司
407 台中市西屯區工業三十路 1 號 1 樓
TEL：04-23595820 FAX：04-23550581
E-mail：service@morningstar.com.tw
行政院新聞局局版台業字第 2500 號
法律顧問 陳思成律師
初版 西元 2018 年 5 月 01 日
西元 2023 年 9 月 15 日（八刷）

掃描 QRcode
填寫線上回函

讀者專線 TEL：02-23672044 / 04-23595819#212
FAX：02-23635741 / 04-23595493
E-mail：service@morningstar.com.tw
網路書店 http : //www.morningstar.com.tw
郵政劃撥 15060393（知己圖書股份有限公司）
印刷 上好印刷股份有限公司

定價 250 元

ISBN 978-986-443-429-9
Published by Morning Star Publishing Inc.

◆讀者回函卡◆

以下資料或許太過繁瑣，但卻是我們瞭解你的唯一途徑

誠摯期待能與你在下一本書中相逢，讓我們一起從閱讀中尋找樂趣吧！

姓名：＿＿＿＿＿＿ 性別：□ 男 □ 女　生日：＿／＿／＿

職業：□ 學生　□ 教師　□ 內勤職員　□ 家庭主婦　□ 軍警　□ 企業主管　□ 服務業

□ 製造業　□ SOHO 族　□ 資訊業　□ 醫藥護理　□ 銷售業務　□ 其他＿＿＿＿

E-mail：＿＿＿＿＿＿ 聯絡電話：＿＿＿＿＿＿

聯絡地址：□□□＿＿＿＿＿＿

購買書名：人性的弱點：卡內基教你贏得友誼並影響他人

• 誘使你購買此書的原因？

□ 於＿＿＿＿書店尋找新知時　□ 看＿＿＿＿報紙／雜誌時瞄到

□＿＿＿＿電台 DJ 熱情推薦　□ 親朋好友拍胸脯保證　□ 受海報或文案吸引

□ 電子報　□ 晨星勵志館部落格／粉絲頁　□ 看＿＿＿＿部落格版主推薦

□ 其他編輯萬萬想不到的過程：＿＿＿＿＿＿

• 本書中最吸引你的是哪一篇文章或哪一段話呢？＿＿＿＿＿＿

• 你覺得本書在哪些規劃上還需要加強或是改進呢？

□ 封面設計　□ 版面編排　□ 字體大小　□ 內容

□ 文／譯筆　□ 其他＿＿＿＿＿＿

• 美好的事物、聲音或影像都很吸引人，但究竟是怎樣的書最能吸引你呢？

□ 價格殺紅眼的書　□ 內容符合需求　□ 贈品大碗又滿意　□ 我誓死效忠此作者

□ 晨星出版，必屬佳作！　□ 千里相逢，即是有緣　□ 其他原因＿＿＿＿＿＿

• 你與眾不同的閱讀品味，也請務必與我們分享：

□ 心靈勵志　□ 未來趨勢　□ 成功故事　□ 自我成長　□ 宗教哲學　□ 正念禪修

□ 財經企管　□ 社會議題　□ 人物傳記　□ 心理學　□ 美容保健　□ 親子教養

□ 兩性關係　□ 史地 □ 休閒旅遊　□ 智慧格言　□ 其他＿＿＿＿＿＿

• 你最常到哪個通路購買書籍呢？　□ 博客來　□ 誠品　□ 金石堂　□ 其他＿＿＿＿

• 你最近想看哪一位作者的書籍作品？＿＿＿＿＿＿

• 請推薦幾個你最常看的部落格或網站？＿＿＿＿＿＿

以上問題想必耗去你不少心力，為免這份心血白費

請務必將此回函郵寄回本社，或傳真至（04）2359-7123，感謝！

若行有餘力，也請不吝賜教，好讓我們可以出版更多更好的書！

• 其他意見：

晨星出版有限公司 編輯群，感謝你！

請填妥後對折裝訂，貼妥郵票後寄出即可

郵票

407
台中市工業區 30 路 1 號

晨星出版有限公司
勁草組

請沿虛線摺下裝訂，謝謝！

更方便的購書方式：

(1) 網站：http://www.morningstar.com.tw
(2) 郵政劃撥 帳號：15060393
戶名：知己圖書股份有限公司
請於通信欄中註明欲購買之書名及數量
(3) 電話訂購：如為大量團購可直接撥客服專線洽詢

◎ 如需詳細書目可上網查詢或來電索取。
◎ 客服專線：02-23672044 傳真：02-23635741
◎ 客戶信箱：service@morningstar.com.tw